U0626638

华为供应链管理

辛童 著

ZHEJIANG UNIVERSITY PRESS
浙江大学出版社

致　谢

我要感谢"吴晓波频道"的编辑姑娘们，

是你们促成了这本《华为供应链管理》的完成，没有你们的监督和推进，

我完全没有动力去阅读大量素材、认真地撰写书稿！

还要特别感谢华为的朋友们、前同事们，感谢你们有见地的建议和意见！

最后感谢我的家人，谢谢你们的支持、鼓励和陪伴！

　　辛童女士是我多年的朋友，她的才华和能力令人钦佩。获悉她要出新书，写的是华为的供应链管理，我很高兴也很荣幸能为她作序。因为这是中国市场第一部详细完整地记录华为供应链的著作。

　　作为华为发展的亲历者和见证者，我认为华为现象、华为模式都非常值得学术界和企业界人士研究和学习。不同于学术界的理论派，实战出身的辛童女士用大量翔实的案例和亲身经历记录了华为这三十多年来的供应链发展史和变革史，并对华为的成功经验进行了归纳和总结，对中国企业而言，这是一笔非常宝贵的知识财富。

　　在过去二三十年中，华为一直以低调、谦逊和务实的姿态存在着，任正非先生也极少像如今这样大范围、高频度地接受中外媒体的采访。我是任正非先生的"粉丝"，也是华为发展的受益者，在华为的工作经历让我受益良多，华为的文化及它很多宝贵的管理实战经验，为我后来的职业生涯发展奠定了一个良好的基础，我也经常跟大家分享华为的精彩故事和案例。

今天的供应链发展已经上升到国家战略高度，供应链创新也成为众多投资机构追捧的热点。中国企业的精细化管理，在很大程度上体现在供应链管理上。未来企业间的竞争，很有可能是供应链生态的竞争，不是看你单个企业的能力有多强，而是看你企业的"朋友圈"有多厉害，看你企业的全球化资源配置强不强，看你企业编织的供应链生态网络牢靠不牢靠。通过辛童女士在本书中的描述，你可以看到华为已经布局并先行一步。

在近来美国重点打压华为的前提下，华为还能保持供应链的健康有序发展，实现公司业务的增长，这就是华为供应链的实力。辛童女士对此做了详细梳理。

不管是华为 To B 业务的供应链还是 To C 业务的供应链，辛童女士都有涉足，从理论到实践进行演绎，并做了比较分析，让读者受到启发并产生共鸣。

对华为和华为供应链的描写，辛童女士的视角非常独特。市场上每年都会看到不少以华为或任正非为题材的书，但极少有像辛童女士这样以客观、中立的立场记录华为，而非那种千篇一律、文宣式的褒扬体。我个人非常推荐大家读一读她的文字，大家一定会眼前一亮。

在本书中，辛童女士不仅以华为为案例，还列举了其他的世界 500 强企业，与华为的供应链管理进行横向、纵向等多维度的比较分析。她在供应链领域的专业度和分析力是国内少有的。

华为从未像如今这样备受关注，备受国人赞赏。很多企业的当家人、管理者都在学习华为，学习华为的管理实践，但辛童女士给出的观点却是——"华为的成功不可复制"，同时辛童女士又给出了"如何学华为和学华为什么"的精辟见解。

想要探究为何，不妨泡上一壶茶，打开这本《华为供应链管理》，静静地翻阅、精读和体会，你会找到你的"黄金屋"！

许立勇

华为前高管，融源集团董事长，中山大学 MBA 导师

2019 年 9 月于深圳

对华为的关注，从我踏上深圳这片土地就开始了。20 世纪 90 年代末期，华为在深圳已经小有名气，我经常听到身边的朋友说"某人跳槽去华为了"，或者"某女嫁华为男了"，大家都会羡慕一番，因为华为人"人傻（靠谱）钱多（工资高）好加班（没时间花钱）"，故深圳坊间有"要嫁华为男，不娶招商女"的笑谈。

后来机缘巧合，我也有幸在华为工作了一段时间，亲身体验了一把做华为人的滋味。工作期间，我在华为内部的"心声社区"发表的系列文章《华为离苹果究竟有多远？》引发热议，更有"好事之人"将我的文章转发到互联网上，引起无数网友的关注和讨论。时过境迁，短短两年时间，华为的全球市场份额就势如破竹，超越了苹果公司，其供应链管理能力也备受赞许！

市面上写华为的书很多，但完整记录华为供应链管理的几乎没有，只有一些不成体系或零散的文章。那是因为华为内部的流程化管理使得每个人只能掌握自己工作的那部分或某个环节，无法有全局观，这导致每个人的供应链管理知识和经验都是碎片化的。我拥有在不同世界级企业的特殊工作经历，这使得我能够用独特的视角来看待华为并解析华为的供应链管理，既不鼓吹也不贬低，以中立而客观的立场向广大读者展示真实的"华为供应链管理"。

在这本书中，我会从我的视角解读华为供应链的过去、现在和将来，透过华为的成长历史和发展脉络，与大家分享华为在不同的发展阶段和历史背景下碰到的供应链管理问题，以及华为面对这些问题时的解决办法，分享华为是如何通过三十年的发展，将服务支持的供应链转变为价值创造的供应链，并使其成为公司核心竞争力的一部分的。在叙述华为故事的同时，我会穿插供应链管理的理论框架和华为的管理实践，包括如何进行计划管理、采购管理、供应商管理、生产管理、仓储管理、物流管理，以及如何进行数字化转型和协同管理，还有采购战略管理——这也是华为最厉害、最为人称道的地方。此外，我还会围绕供应链管理科学、人才、组织、机制、方法、流程和工具，对华为供应链案例做深入浅出的分析和讲解。在本书的第 6 章，我会将华为的供应链绩效与业界同行企业进行比较，通过数据的比较和分析，对华为的供应链管理做出客观的评价，并分享华为供应链管理给我们带来的启示。

供应链管理所构筑的产业链生态会成为未来企业的核心竞争力，希望本书能够起到抛砖引玉的作用，让更多的人透过华为去了解供应链、关注供应链，并为供应链管理付出努力，为自己的企业赢得未来！

同时，也希望大家从华为供应链管理的变革和实战案例及我的解读分析中得到启发，做一个强大、善于学习、不断超越自己的人。正如华为创始人任正非任总所说，我们每个人都为国家种上一个土豆，就是对国家的贡献，我们的国家也会因为我们而更强大、更富足！

辛 童

2019 年 9 月 1 日于深圳

01　你了解华为和供应链吗？

02　华为供应链的过去：集成供应链（ISC）

06 百舸争流，大浪淘沙

07 华为的成功是否可以复制？

01

你了解华为和供应链吗？

> 什么东西都是可以买来的，唯有管理是买不来的。这是一个非常宏大的工程，不是一个哈佛大学的学生就能搞出来的，是要靠全体优秀的华为员工才能搞出来。我们公司保持这么大一批高学历、高层次人才，其目的就是要理解、接受、消化先进的管理，要抓好管理，需要先理解管理。
>
> ——任正非1997年《在管理工程事业部CIMS系统汇报会的讲话》

供应链和供应链管理

供应链是一个生态网络

在走近华为、了解华为的供应链系统之前，我们需要先搞清楚供应链是什么。

供应链是以客户需求为导向，以提高质量和效率为目标，以整合资源为手段，实现产品设计、采购、生产、销售、服务等全过程高效协同的组织形态。随着信息技术的发展，供应链已发展到与互联网、物联网、人工智能、大数据深度融合的智慧供应链新阶段。

今天的供应链已经不是一道简单的链条，而是一个由原材料供应商、生产商、批发商、运输商、零售商及最终消费者所组成的生态网络。

换句话说，供应链就是从物料获取、物料加工直至将成品送到消费者手中这一过程所涉及的各个企业和部门组成的网络。

我们拿华为手机来举个例子。大家可能不知道，在你拿到一部华为手机之前，它已经绕地球大半圈了，跨越了北美、欧洲，再到亚洲。也就是说，一部华为手机里的芯片、显示屏、摄像头、电池等100多个零部件，从原材料供应商到模组生产商，再到组装厂，经过无数次辗转，到达专卖店，最后送到你的手上，你的手机几乎走完了一个完整的供应链流程。

每个供应链中都有一个核心企业（比如产品制造企业或大型零售企业）。节点企业在需求信息的驱动下，通过供应链的职能分工与合作（如寻源、采购、生产、分销、零售等），以资金流、物流为媒介，实现整个供应链的不断增值。

我们还是以华为手机为例。华为就是供应链中的核心企业，在它的上游有各层级的物料供应商、元器件生产商、组装制造厂，下游有各层级的批发商、经销商，中间还有为华为手机提供运输、仓储服务的物流服务商。

供应链管理的目标："花小钱干大事"

前面我们已经对供应链有了初步认识，接下来我们来看看什么是供应链管理。

供应链管理是指处理商品或服务的整个流程活动，管理对象包括原材料、零部件和一直到将最终产品交付给消费者这一系列的活动。按照国际供应链理事会 SCC[①]（Supply Chain Council）的定义，一个完整的供应链管理主要包括五大管理活动：计划管理（plan）、采购管

---

① 本书所有英文名词皆可在文后"英文索引"部分查阅。

理（buy）、生产/制造管理（make）、交付/物流管理（deliver）和退/换/返修管理（return）。供应链管理的目标是对整个供应链系统进行计划、协调、运作、控制和优化，将客户所需的正确的产品或服务，在正确的时间，按照正确的数量、质量和状态送到正确的地点，并使这一过程所耗费的总成本最小。简单来说，其目标就是"花小钱干大事"。

为了确保供应链管理的顺畅和成功，企业还需要建立一套支持系统以监控整个供应链中的信息，并确保供应链中的各方遵守所有法规。这一支持流程或系统包括财务、人力资源、IT、设施管理、项目管理、产品设计、销售和质量保证等，几乎覆盖了公司管理的所有活动。所以华为总裁任正非说："一旦供应链问题解决了，也就基本解决了公司的管理问题。"

供应链管理的六大核心模块

供应链管理涉及以下六大核心模块。

（1）客户需求管理

市场和客户需求是供应链的开端和导向。客户需求管理强调的是对客户个性化需求的管理，它能把客户的当下需求和潜在需求及时反馈给设计研发、需求计划和生产制造部门，引导它们制造出使客户满意的产品。通过这个过程，管理者可以识别出关键客户和客户的关键需求。供应链的运作应始终以客户的需求为驱动力，通过信息流来驱动和协调供应及需求，通过各部门协同作业来满足客户的需求。

简单一点说，客户需求管理就是供应链的需求订单管理，市场和销售人员需要对客户进行管理，清楚准确地捕捉到客户的真实需求和需求量。

（2）产品开发管理

产品的开发管理要避免"闭门造车"。在供应链管理过程中，研发团队需要和客户及供应商共同开发产品，最终将产品投放市场。负责产品设计和商业化过程的团队需要和市场部门合作以确认客户的精准需求，和采购团队合作来选择原材料和元器件供应商，和生产团队合作来发展和应用新的生产制造工艺和工程技术。

这是公司的研发和工程技术人员要做的工作。

（3）计划需求管理

计划需求管理是通过有预见性地预测需求数据，使需求量和供给量相匹配，并使计划得到更有效的执行。计划需求管理不仅仅指下达订单指令，还包括设计经济订货批量（EOQ）、平衡生产产能，在配送成本最小化的基础上满足客户需求。这是一个平衡客户需求、平衡生产计划和供应能力的过程，包括协调供给和需求、减少波动和降低不确定性，并对整个供应链提供有效支撑。

在现实实践中，很多公司设立计划部或调度部来管理计划及预测的工作。

（4）采购供应管理

原材料供应商与生产制造商、模组供应商与组装装配厂的采购与供应代表之间需要进行有关成本、生产作业、出货计划、质量控制等信息的交流与沟通，以保持信息的一致性和准确性。同时，采购还需要对供应商实施有效的激励和管理机制，对供应商的关键业绩指标进行评价，促使供应商不断改进和进步。

这个比较容易理解，大部分采购人员都在从事此类工作。

（5）生产运营管理

生产运营管理是指统筹组织工厂资源（如厂房的规划和布局、生产线的安排和配备、劳动组织和劳动力的配备、物料的齐套管理、生产管理系统的配置等）、安排生产计划（如编制生产计划、生产技术准备和生产流程、操作指导书等）和生产控制工作（如控制生产进度、生产库存、生产质量和生产成本等），以实现预期的产品类别、质量、产量、生产成本、交付时间等目标。

这些都是工厂和制造企业的主要职责。

（6）仓储物流管理

仓储与物流的日常管理活动主要包括进、出、存三个方面。在仓储和物流管理中，信息化和可视化的应用十分必要，如果不能及时采集、整理、分析和使用信息，就会造成极大的资金浪费和库存积压。如何提高库存的周转率和资金利用率，降低原材料、半成品、成品的库存和流通费用，都是仓储物流管理涉及的日常问题。

这部分工作，有些是生产制造企业自己完成，有些是外包给像顺丰、联合快递这样的物流企业去完成。

未来企业间的竞争是供应链的竞争

供应链管理是一种集大成的思想和方法，是从供应商开始，经由制造商、分销商、零售商直到最终客户的全要素、全过程的集成化管理模式。如今企业管理的重心已从单个企业的内部管理转向对整个供应链生态网络的管理，强调供应链中上下游企业之间的合作与协同，以达到全局最优。

我们知道，当工业化发展到一定程度，同行业中单个企业的研发、质量、销售等管理水平会逐渐趋同；而一旦有效进行供应链管理，可以帮助企业降低总体成本并提高盈利能力，甚至保持技术和市场的领先性，获得竞争优势。此外，供应链管理的运作效率高，也能使企业在营销渠道中创造更多的销售机会，获得更大的市场份额，从而进一步增强产品的市场竞争优势。

所以说，谁把供应链管理得好，谁就能获得竞争优势。企业之间的竞争，已经成为供应链的竞争。

举例来说，在消费电子行业，苹果的供应链管理就是其竞争优势之一；在汽车行业，丰田就是一家通过供应链管理获得竞争优势的公司；在服装行业，Zara 就是一家通过供应链管理获得竞争优势的公司；零售行业的沃尔玛也是如此。

华为和华为的供应链

华为是谁？

华为在普通大众眼里，只是一家手机生产厂商，其实，早在大家耳熟能详之前，它就已经是通信设备领域的一颗新星，取得了比大家所知道的手机业务更为卓越的成就。

华为成立于 1987 年，最早是一家从事交换机代理和销售的公司，经过三十年的奋斗和努力，今天的华为已经是一家世界级的跨越通信设备、终端设备、云服务、人工智能、大数据等高科技领域的巨无霸科技公司，是全球最大的通信设备制造商，全球第二大手机制造商。华为 2019 年的年报显示，2019 年华为的销售收入达到 8588 亿元人民币，比上年增加了 19.1%。在全球范围内，华为已经进入高科技公司的第一梯队，正在全力追赶苹果、三星、亚马逊、谷歌、微软等高科技巨头；此外，华为也是全世界范围内唯一一家在 To B 和 To C 领域都取得巨大成功的企业。

其实早在二十年前，深圳人就几乎都知道华为了；近几年来，随着华为手机的热销，全国人民才知道有华为这样一家厉害的公司。

华为的供应链长什么样？

2018 年，华为在全球范围内的供应商和合作伙伴过万家，分布于半导体、电子元器件、原材料、软件开发、生产代工、工程服务、物流服务、综合采购、行政采购等领域，其中核心供应商有 100 多家。

2018 年，华为采购额达到 670 亿美元，其中 110 亿来自美国供应商。

2018 年，除中国区以外，华为在欧洲、墨西哥、巴西、印度设有四个海外供应中心，将产品和服务供应到全球 170 多个国家，服务于 30 多亿人，接近世界人口的一半。

2018 年，华为成为继三星、苹果之后的世界第三大手机厂商。2018 年，华为向全球市场供应了 2.1 亿部手机，也就是说，全世界每 100 个手机用户中，就有 15 个拿着华为手机。

据华为 2019 年年报显示，2019 年华为向市场交付了 2.4 亿部手机，比 2018 年增长了 14%。

那么，到底是怎样的一套供应链管理体系在支撑华为的业务发展和快速成长呢？在中美贸易战升级的背景下，华为又是如何做好采购战略和战略管理以确保公司的供应安全，使自己立于市场不败之地的呢？

大家知道，华为有三大战略事业部，分别是运营商 BG、企业网 BG 和消费者 BG（消费者 BG 在华为内部简称为终端）。在组织设计上，华为针对不同的客户类别和业务模式分别设置了不同的供应链管理部门。

在 2011 年消费者 BG 成立之前，华为一直有一个统称为"泛网"的供应链管理部门，这个泛网涵盖了运营商、企业网和云业务。从

2012 年起，消费者 BG 即终端公司，跟另外两个事业部一样开始独立运营。由于业务模式是 To C 即面向最终消费者的，完全不同于 To B 面向企业或运营商的业务，所以终端公司又组建了相对独立的供应链管理部门和团队。

本书所讲的华为供应链管理，就是 2011 年之前的泛网供应链的过去、现在和将来，以及 2011 年以后新增的终端业务的供应链管理。

To B 的供应链管理部门

服务于 To B，面向运营商业务的泛网供应链管理系统，是从原来华为技术有限公司的供应链管理部门演变而来的，此部门现在依然存在，并已更名为"首席供应官"。这个大部门包括：采购认证部（主要负责供应商的寻源、审核、认证、考核等）、制造部（负责华为部分产品的生产制造、新产品导入和验证等），以及供应链管理部；而供应链管理部又分为集成计划部、生产计划与采购履行部、物流部，还有全球各地区的供应中心等服务部门。其中集成计划部主要负责运营商项目、硬件产品和软件产品的总体需求计划等工作；生产计划与采购履行部主要负责 MRP（物料需求计划）和采购订单的需求发放、采购订单的执行和处理等工作；物流部主要负责物料和成品的物流运输和交付工作。

泛网供应链系统的划分，实际上遵循的还是过去那种传统的思路，将采购认证（sourcing）和生产制造（make）的职能独立于供应链管理部，供应链管理部只是负责交付供应单位，是业务的支撑部门，与我们现在所定义的大供应链运营管理的概念并不一致。

To C 的供应链管理部门

华为终端公司的供应链管理部门称为集成交付管理部，包括计划部、采购认证部、订单履行部、物流部和地区供应中心等。制造是一个独立的职能部门，不在华为终端的集成交付部门管理范畴内，华为自制工厂与 EMS 生产外包工厂由华为的制造部和采购认证部交叉管理。

华为的供应链组织是一个由 IT 支撑的，通过业务流程化、系统化，集中控制和分层管理相结合的管理体制。

这里我不妄加评价华为这样 To B 或 To C 组织设计的优劣，因为华为这么多年来一直都是这么运作的，各部门之间配合协同得不错，也在不断的变革和优化中。跟业界很多公司不一样，华为走的是一条最适合自己公司业务模式的道路。

华为供应链管理的前世今生

1997 年之前，华为经过十年的野蛮生长和粗放式管理，已经成长为销售额达 41 亿元的中型企业。

从 1997 年起，华为开始实施启用 Oracle 的 MRP Ⅱ，IT 管理系统的雏形初步建立。

1999 年至 2003 年，是华为集成供应链（ISC）的建设期，这个平台系统将华为内部的不同职能部门和供应链上各个组织链接起来。

2005 年至 2007 年，是华为全球供应链（GSC）的建设期，这个平台系统链接和贯通了华为总部与海外各个国家和地区的职能组织。

2008 年至 2011 年，华为打通所有供应链环节，逐渐建立起海外多供应中心。

2012 年至今，华为终端供应链作为新生事物，开始建立起有别于To B 的供应链管理体系，并进行终端供应链（CISC）变革。

2015 年至今，华为再次升级原有供应链和采购流程、IT 系统等，进行 ISC+ 变革。

华为创始人任正非说："供应链只有一个，关系着公司的生命，一旦出问题，就是满盘皆输。"在这样的指导思想下，除了技术以外，供应链也被视为华为的核心竞争力之一。

华为深知，未来企业与企业之间的竞争，实质上就是供应链的竞争。这条供应链中，需要有联合研发新技术的战略合作伙伴和各级零部件供应商，需要有团队管理客户需求、产品代工、工程安装、售后服务等各项业务流程，所以无论是优秀的商业伙伴，还是国际化与职业化兼具的供应链管理团队，都是一家世界一流企业核心竞争力的一部分。

拓展阅读：

任正非管理思想之"华为的冬天"

> 导读：任正非是个忧患意识非常强的人。2000 年是全球范围内互联网泡沫破灭的时候，在当时，任正非居安思危，写下了这篇《华为的冬天》。文中强调，对华为来说最重要的就是怎样活下来、活得更久一些。在本文中，任正非尖锐地指出华为公司内部的管理问题，并给出清晰的指示。

华为的冬天

公司所有员工是否考虑过，如果有一天，公司销售额下滑、利润下滑甚至破产，我们怎么办？我们公司的太平时间太长了，在和平时期"升"的"官"太多了，这也许就是我们的灾难。泰坦尼克号也是在一片欢呼声中出的海。而且我相信，这一天一定会到来。面对这样的未来，我们怎样来处理，我们是不是思考过？我们好多员工盲目自豪，盲目乐观，如果想过的人太少，也许就快来临了。居安思危，不是危言耸听。

我到德国考察时，看到第二次世界大战后德国恢复得这么快，当时很感动。他们当时的工人团结起来，提出要降工资，不增工资，从而加快经济建设，所以战后德国经济增长很快。如果华为公司真的危机到来了，是不是员工工资减一半，大家靠一点白菜、南瓜过日子，就能行？或者我们就裁掉一半人，是否就能救公司？如果是这样就行的话，危险就不危险了。因为，危险一过去，我们可以逐步将工资补回来，或者销售增长，将被迫裁掉的人请回来。这算不了什么危机。如果两者同时进行，还不能挽救公司，该怎么办，想过没有？

十年来我天天思考的都是失败，对成功视而不见，也没有什么荣誉感、自豪感，而是危机感。也许是这样才存活了十年。我们大家要一起来想，怎样才能活下去，也许才能存活得久一些。失败这一天是一定会到来，大家要准备迎接，这是我从不动摇的看法，这是历史规律。

目前情况下，我认为我们公司从上到下，还没有真正认识到危机，那么当危机来临的时刻，我们可能是措手不及的。我们是不是已经麻木，是不是头脑里已经没有危机这根弦了，是不是已经没有自我批判能力或者已经很少了？如果四面出现危机时，那我们真是可能没有办法了。只能说"你们别罢工了，我们本来就准备不上班了，快关了机器，还能省点电"。如果我们现在不能研究出危机时的应对方法和措施来，我们就不可能持续活下去。

这三年来的管理要点讲的都是人均效益问题。不抓人均效益增长，管理就不会进步。因此一个企业最重要、最核心的就是追求长远地、持续地实现人均效益增长。当然，这不仅仅是当前财务指标的人均贡献率，而且也包含了人均潜力的增长。企业不是要大，也不是要强，更不是短时间的强，而是要有持续活下去的能力与适应力。我们有一位员工写了一篇文章《还能改进吗？还能改进吗？》，我觉得非常好，只有不断改进，我们才有希望。但是华为公司有多少员工在本职岗位上改进，有多少人在研究还能再改进？我们的干部述职报告所有指标都是人均效益指标。人均效益指标降低了，我们就坚定不移地降工资。如果你连降工资都不能接受，我认为你就没有必要再留在华为公司了。

一个部门领导没有犯过什么错误，但人均效益没有增长，他应下台了。另一个部门领导犯过一些错误，当然不是品德错误，是大胆工作，大胆承担责任，缺经验而产生的错误，而人均效益增长，他应受到重视。若他犯的错误，是集体讨论过的，错了以后又及时改正了，他应受到提拔。各级干部部门，要防止明哲保身的干部被晋升。在一个系统中，人均效益的指标连续不增长，那么主要部门领导与干部部门的人，应全部集体辞职。因为，人是他们选的，您选了些什么人！

在当前情况下，我们一定要居安思危，一定要看到可能要出现的危机。大家知道，有个世界上第一流的公司，确实了不起，但去年说下来就下来了，眨眼之间这个公司就几乎崩溃了。当然，它有很好的基础研究，有良好的技术储备，还能东山再起。最多这两年衰退一下，过两年又会世界领先。而华为有什么呢？我们没有人家雄厚的基础，如果华为再没有良好的管理，那么真正的崩溃后，将来就会一无所有，再也不能复活。

华为公司老喊狼来了，喊多了，大家有些不信了，但狼真的会来。今年我们要广泛展开对危机的讨论，讨论华为有什么危机，你的部门有什么危机，你的科室有什么危机，你的流程的哪一点有什么危机。还能改进吗？还能再改进吗？还能提高人均效益吗？如果讨论清楚了，那我们可能就不死，就延续了我们的生命。怎样提高管理效率，我们每年都写了一些管理要点，这些要点能不能对你的工作有些改进，如果改进一点，我们就前进了。

一、均衡发展，就是抓短的一块木板

我们怎样才能活下来？

同志们，你们要想一想，如果每一年你们的人均产量增加15%，你可能仅仅保持住工资不变或者还可能略略下降。电子产品价格下降幅度一年还不止15%吧。我们卖的越来越多，而利润却越来越少，如果我们不多干一点，我们可能保不住今天，更别说涨工资。不能靠没完没了地加班，所以一定要改进我们的管理。在管理改进中，一定要强调改进我们木板最短的那一块。各部门、各科室、各流程主要领导都要抓薄弱环节。要坚持均衡发展，不断地强化以流程型和时效型为主导的管理体系的建设，在符合公司整体核心竞争力提升的条件下，不断优化你的工作，提高贡献率。

为什么要解决短木板呢？公司从上到下都重视研发、营销，但不重视理货系统、中央收发系统、出纳系统、订单系统等很多系统，这些不被重视的系统就是短木板，前面干得再好，后面发不出货，还是等于没干。因此全公司一定要建立起统一的价值评价体系，统一的考评体系，才能使人员在内部流动和平衡成为可能。比如有人说我搞研发创新很厉害，但创新的价值如何体现？创新必须通过转化变成商品，才能产生价值。我们重视技术、重视营销，这一点我并不反对，但每一个链条都是很重要的。研发相对用服部门来说，同等级别的一个用服工程

师可能要比研发人员综合处理能力还强一些。所以如果我们对
售后服务体系不予认同，那么这体系就永远不是由优秀的人来
组成的。不是由优秀的人来组织，就是高成本的组织。因为他
飞过去修机器，去一趟修不好，又飞过去又修不好，再飞过去
还修不好。我们把工资全都赞助给民航了。如果我们一次就能
修好，甚至根本不用过去，用远程指导就能修好，我们将省多
少成本啊！因此，我们要强调均衡发展，不能老是强调某一方面。
比如，我们公司老发错货，发到国外的货又发回来了，发错货
运费、货款利息不也要计成本吗？因此要建立起一个均衡的考
核体系，才能使全公司的短木板变成长木板，桶装水才会更多。

我们这几年来研究了很多产品，但 IBM 等许多西方公司到
我们公司来参观时就笑话我们浪费很大，因为我们研究了很多
好东西就是卖不出去，这实际上就是浪费。我们不重视体系的
建设，就会造成资源上的浪费。要减少木桶的短木板，就要建
立均衡的价值体系，要强调公司整体核心竞争力的提升。

二、对事负责制，与对人负责制是有本质区别的，一个是
扩张体系，一个是收敛体系

为什么我们要强调以流程型和时效型为主导的体系呢？现
在流程上运作的干部，他们还习惯于事事都请示上级。这是错的，
已经有规定，或者成为惯例的东西，不必请示，应快速让它通过。
执行流程的人，是对事情负责，这就是对事负责制。事事请示，
就是对人负责制，它是收敛的。我们要简化不必要确认的东西，
要减少在管理中不必要、不重要的环节，否则公司怎么能高效
运行呢？现在我们机关有相当的部门，以及相当的编制在制造
垃圾，然后这些垃圾又进入分拣、清理，制造一些人的工作机会。
制造这些复杂的文件，搞了一些复杂的程序，以及不必要的报表、
文件，来养活一些不必要养活的机关干部。机关干部是不能产

生增值行为的。我们一定要在监控有效的条件下，尽力精简机关。秘书有权对例行的管理工作进行处理，经理主要对例外事件，以及判别不清的重要例行事件做出处理。例行越多，经理就越少，成本就越低。一定要减少编制，我们的机关编制是过于庞大的。在同等条件下，机关干部是越少越好，当然不能少得一个也没有。因此我们一定要坚定不移地把一部分机关干部派到直接产生增值的岗位上去。机关的考评，应由直接服务部门进行打分，它要与机关的工资、奖金的组织得分挂钩。这也是客户导向，内部客户也是客户。

市场部机关是无能的。每天的纸片如雪花一样飞啊，每天都向办事处要报表，今天要这个报表，明天要那个报表，这是无能的机关干部。办事处每个月把所有的数据填一个表，放到数据库里，机关要数据就到数据库里找。从明天开始，市场部把多余的干部组成一个数据库小组，所有数据只能向这个小组要，不能向办事处，办事处一定要给机关打分，你们不要给他们打那么好的分，让他们吃一点亏，否则他们不会明白这个道理，就不会服务于你们，使你们作战有力。庞大的机关一定要消肿。在这个变革过程中，会触及许多人的利益，也会碰到许多矛盾，领导干部要起模范作用。要有人敢于承担责任，不敢承担责任的人就不能当干部。当工程师也很光荣嘛。

在本职工作中，我们一定要敢于负责任，使流程速度加快。对明哲保身的人一定要清除。华为给了员工很好的利益，于是有人说千万不要丢了这个位子，千万不要丢掉这个利益。凡是要保自己利益的人，要免除他的职务，他已经是变革的绊脚石。在过去的一年里，如果没有改进行为的，甚至一次错误也没犯过，工作也没有改进的，是不是可以就地免除他的职务。他的部门的人均效益没提高，他这个科长就不能当了。他说他也没有犯错啊，没犯错就可以当干部吗？有些人没犯过一次错误，因为他一件事情都没做。而有些人在工作中犯了一些错误，但他管理的部门人均效益提升很大，我认为这种干部就要用。对既没犯过错误，又没有改进的干部可以就地免职。

三、自我批判，是思想、品德、素质、技能创新的优良工具

我们一定要推行以自我批判为中心的组织改造和优化活动。自我批判不是为批判而批判，也不是为全面否定而批判，而是为优化和建设而批判。总的目标是要提升公司整体核心竞争力。

为什么要强调自我批判？我们倡导自我批判，但不提倡相互批评，因为批评不好把握适度，如果批判火药味很浓，就容易造成队伍之间的矛盾。而自己批判自己呢，人们不会自己下猛力，对自己都会手下留情。即使用鸡毛掸子轻轻打一下，也比不打好，多打几年，你就会"百炼成钢"了。自我批判不光是个人进行自我批判，组织也要对自己进行自我批判。通过自我批判，各级骨干要努力塑造自己，逐步走向职业化，走向国际化。只有认真地自我批判，才能在实践中不断吸收先进，优化自己。公司认为自我批判是个人进步的好方法，还不能掌握这个武器的员工，希望各级部门不要对他们再提拔了。两年后，还不能掌握和使用这个武器的干部要降职使用。在职在位的干部要奋斗不息、进取不止。干部要有敬业精神、献身精神、责任心、使命感。我们对普通员工不作献身精神要求，他们应该为自己付出的劳动取得合理报酬；只对有献身精神的员工作要求，将他们培养成干部。另外，我们对高级干部实施严要求，不对一般干部实施严要求。因为都实施严要求，我们管理成本就太高了。因为管他也要花钱的呀，"不打粮食"的事我们要少干。因此我们对不同级别的干部有不同的要求，凡是不能使用自我批判

这个武器的干部都不能提拔。自我批判从高级干部开始，高级干部每年都有民主生活会，民主生活会上提的问题是非常尖锐的。有人听了以后认为公司内部斗争真激烈，你看他们说起问题来很尖锐，但是说完他们不又握着手打仗去了吗？我希望这种精神能一直往下传，下面也要有民主生活会，一定要相互提意见，相互提意见时一定要和风细雨。我认为，批评别人应该是请客吃饭，应该是绘画、绣花，要温良恭俭让。一定不要把内部的民主生活会变成了有火药味的会议，高级干部尖锐一些，是他们素质高，越到基层应越温和。事情不能指望一次说完，一年不行，两年也可以，三年进步也不迟。我希望各级干部在组织自我批判的民主生活会议上，千万要把握尺度。我认为人是怕痛的，太痛了也不太好，像绘画、绣花一样，细细致致地帮人家分析他的缺点，提出改进措施来，和风细雨式最好。我相信只要我们持续下去，这比那种暴风疾雨式的革命更有效果。

四、任职资格及虚拟利润法是推进公司合理评价干部的有序、有效的制度

我们要坚定不移地继续推行任职资格管理制度。只有这样才能改变过去的评价蒙估状态，才会使有贡献、有责任心的人尽快成长起来。激励机制要有利于公司核心竞争力战略的全面展开，也要有利于近期核心竞争力的不断增长。

什么叫领导？什么叫政客？这次以色列的选举，让我们看到了犹太人的短视。拉宾意识到以色列一个小国，处在几亿阿拉伯人的包围中，尽管几次中东战争以色列都战胜了，但不能说50年、100年以后，阿拉伯人不会发展起来。今天不以土地换和平、划定边界，与周边和平相处，那么一旦阿拉伯人强大起来，犹太人又会重新流离失所。而大多数人，只看重眼前的利益，沙龙是强硬派，会为犹太人争得近期利益，人们拥护了他。

我终于看到一次犹太人也像我们一样的短视。我们的领导都不要迎合群众，但推进组织目的，要注意工作方法。一时牺牲的是眼前的利益，但换来的是长远的发展。

一个真正的领导人，不会迎合现时的民众的需求，而是带领人们走向新的台阶。

我曾经在与一个世界著名公司，也是我司全方位的竞争对手合作时讲过，我是拉宾的学生，我们一定要互补、互助，共同生存。我只是就崇敬拉宾，来比喻与竞争对手的长期战略关系。

如何掌握任职资格的应用，是对各级干部的考验。我们公司在推行激励机制时，不要有短期行为，我们要强调可持续发展。既要看到他的短期贡献，也要看到组织的长期需求。不要对立起来，不要完全短期化，也不要完全长期化。

同时，我们要以正向考核为主，但要抓住关键事件"逆向考事"，事就是事情的事。对每一件错误要逆向去查，找出根本原因以改进，并从中发现优良的干部。我认为正向考核很重要，逆向的考事也很重要。要从目标决策管理的成功，特别是成功的过程中发现和培养各级领导干部。在失败的项目中，我们要善于总结，其中有不少好干部也应得到重视。要避免考绩绝对化、形而上学。特别是要从有实践经验、有责任心、有技能，且本职工作做得十分优秀的员工中选拔和培养骨干。

干部要有敬业精神、献身精神、责任心和使命感。区别一个干部是不是一个好干部，是不是忠诚，标准有四个：第一，你有没有敬业精神？对工作是否认真？改进了，还能改进吗？还能再改进吗？这就是你的工作敬业精神。第二，你有没有献身精神？不要斤斤计较，我们的价值评价体系不可能做到绝对公平。如果用曹冲称象的方法来进行任职资格评价的话，那肯定是公平的。但如果用精密天平来评价，那肯定公平不了。我们要想做到绝对公平是不可能的。我认为献身精神是考核干部的一个很重要的因素。一个干部如果过于斤斤计较,这个干部绝对做不好。你手下有很多兵,你自私、斤斤计较,你的手下能和你合作得很好吗?没有献身精神的人不要做干部,做干部的一定要有献身精神。第三点和第四点,就是要有责任心和使命感。我们的员工是不是都有责任心和使命感?如果没有责任心和使命感,为什么还想要当干部?如果你觉得你还是有一点责任心和使命感的话,赶快改进,否则最终还是要把你免下去的。

五、不盲目创新,才能缩小庞大的机关

庙小一点,方丈减几个,和尚少一点,机关的改革就是这样。总的原则是我们一定要压缩机关。为什么?因为我们建设了 IT。为什么要建设 IT?道路设计要博士,炼钢制轨要硕士,铺路要本科生。但是道路修好了扳岔道就不要这么高的学历了,否则谁也坐不起这个火车。因此当我们公司的组织体系和流程体系建设起来的时候,就不要这么多的高级别干部了,方丈就少了。建立流程的目的就是要提高单位生产效率,减掉一批干部。如果一层一层都减少一批干部,我们的成本就下降很快。规范化的格式与标准化的语言,使每一位管理者的管理范围与内容更加扩大。信息越来越发达,管理的层次就越来越少,维持这些层级管理的官员就会越来越少,成本就下降了。

要保证 IT 能实施,一定要有一个稳定的组织结构,稳定的流程。盲目创新只会破坏这种效率。

我们不要把创新炒得太热。我们希望不要随便创新,要保持稳定的流程。要处理好管理创新与稳定流程的关系。尽管我们要管理创新、制度创新,但对一个正常的公司来说,频繁地变革,内外秩序就很难安定地保障和延续。不变革又不能提升我们的整体核心竞争力与岗位工作效率。变革,究竟变什么?

这是严肃的问题，各级部门切忌草率。一个有效的流程应长期稳定运行，不因有一点问题就常去改动它，改动的成本会抵消改进的效益。

已经证明是稳定的流程，尽管发现它的效率不是很高，除非我们整体设计或大流程设计时发现缺陷，而且这个缺陷非改不可，其他时候就不要改了。今年所有的改革必须经过严格的审批、证实，不能随意去创新和改革，这样创新和改革的成本太高。

我们要坚持"小改进，大奖励"。"小改进，大奖励"是我们长期坚持不懈的改良方针。应在小改进的基础上，不断归纳，综合分析。研究其与公司总体目标流程的符合，与周边流程的和谐，要简化，优化，再固化。这个流程是否先进，要以贡献率的提高程度来评价。我年轻时就知道华罗庚的一句话："神奇化易是坦途，易化神奇不足提。"我们有些员工，交给他一件事，他能干出十件事来，这种创新就不需要，是无能的表现。这是制造垃圾，这类员工要降低使用。所以今年有很多变革项目，但每个变革项目都要以贡献率来考核。既要实现高速增长，又要同时展开各项管理变革，错综复杂，步履艰难，任重而道远。各级干部要有崇高的使命感和责任意识，要热烈而镇定，紧张而有秩序。"治大国如烹小鲜"，我们做任何小事情都要小心谨慎，不要随意把流程破坏了，发生连锁错误。大家在处理相互之间的人际关系上也要保持冷静，稍不冷静就惹麻烦。千万不要有浮躁的情绪，戒骄戒躁，收敛自我，少一些冲动，多一些理智。

我们要坚决反对形而上学、幼稚浮躁、机械教条和唯心主义。在管理进步中一定要实事求是，特别要反对形左实右。表面看上去做得很正确，其实效率是很低的。

六、规范化管理本身已含监控，它的目的是有效、快速地服务业务需要

我们要继续坚持以业务为主导、会计为监督的宏观管理方法与体系的建设。什么叫以业务为主导？就是要敢于创造和引导需求，取得"机会窗"的利润，也要善于抓住机会，缩小差距，使公司同步于世界而得以生存。什么叫以会计为监督？就是为保障业务实现提供规范化的财经服务，规范化就可以快捷、准确和有序，使账务维护成本低。规范化是一把筛子，在服务的过程中也完成了监督。要把服务与监控融进全流程。我们也要推行逆向审计，追溯责任，从中发现优秀的干部，铲除沉淀层。

以业务为主导、会计为监督的管理模式，就是要为推行区域、业务的行政管理与统一财务服务的行政管理相分离做准备（财务 IT，将实行全国、全球统一管理）。

七、面对变革要有一颗平常心，要有承受变革的心理素质

我们要以正确的心态面对变革。什么是变革？就是利益的重新分配。利益重新分配是大事，不是小事。这时候必须有一个强有力的管理机构，才能进行利益的重新分配，改革才能运行。在改革的过程中，从利益分配的旧平衡逐步走向新的利益分配平衡。这种平衡的循环过程，是促使企业核心竞争力提升与效益增长的必须。但利益分配永远是不平衡的。我们进行岗位变革也是有利益重新分配的，比如大方丈变成了小方丈，你的庙被拆除了，不管怎样，都要有一个正确的心态来对待。如果没有一个正确的心态，我们的改革是不可能成功的，不可能被接受的。特别是随着 IT 体系的逐步建成，以前的多层行政传递与管理的体系将更加扁平化。伴随中间层的消失，一大批干部将成为富余，各大部门要将富余的干部及时输送至新的工作岗位上去，及时地疏导，才会避免以后的过度裁员。我在美国

时，在和 IBM、Cisco、Lucent 等几个大公司领导讨论问题时谈到，IT 是什么？他们说，IT 就是裁员，裁员，再裁员。以电子流来替代人工的操作，以降低运作成本，增强企业竞争力。我们也将面临这个问题。伴随着 IPD、ISC、财务四统一、支撑 IT 的网络等逐步铺开和建立，中间层将会消失。我们预计我们大量裁掉干部的时间大约在 2003 年或 2004 年。

今天要看到这个局面，我们现在正在扩张，还有许多新岗位，大家要赶快去占领这些新岗位，以免被裁掉。不管是对干部还是普通员工，裁员都是不可避免的。我们从来没有承诺过，像日本一样执行终身雇佣制。我们公司从创建开始就是强调来去自由。同时，公司与社会间的劳动力交流是必要的，公司不用的、富余的劳动力在社会上其他地方可能是需要的，社会上也许有一些我们短缺的。公司内长木板和短木板的交换也是需要岗位与人员的流动。我们要及时地疏导员工到新岗位上去，才会避免以后过度裁员。内部流动是很重要的。当然这个流动有升有降，只要公司的核心竞争力提升了，个人的升、降又何妨呢？"不以物喜，不以己悲。"因此今天来说，我们各级部门真正关怀干部，就不是保住他，而是要疏导他，疏导出去。在新岗位上尽量使用和训练老员工，老员工也应积极去占领，不然补充了新人，他也有选择的权利。只有公司核心竞争力提升，才会有全体员工价值实现的机会。

我们要消除变革中的阻力，这种阻力主要来自高中级干部。我们正处在一个组织变革的时期，许多高中级干部的职务都会相对发生变动。我们愿意听取干部的倾诉，但我们也要求干部服从，否则变革无法进行。待三年后，变革已进入正常秩序，我们愿意遵照干部的意愿及工作岗位的可能，接受干部的调整愿望。对于干部，我们只有这样一个方法，愿意听你们诉一诉，诉完后还是要到分配的岗位工作。基层员工要"干一行,爱一行,专一行",努力提高自己本职工作的技能。要严格控制基层员工的转岗,转岗一定要得到严格的审查与批准。我认为基层员工就是要发展专业技能,专业技能提高了也可以拿高工资。对已经转岗的和以后还要转岗的,只要不能达到新岗位的使用标准,而原工作岗位已由合格员工替代的,建议各部门先劝退。各部门不能在自己的流程中,有多余的冗积和沉淀。哪一个部门的干部工作效率不高,应由这一个部门的一把手负责任。

我们要减少工作协调与调度会议,即使对于那些必须开的、开完要立即实行的会议,也要减少参加这些会议的人员数量。同时要禁止技能培训类远期目标的会议在上班时间召开,其他活动如体检、沟通、联欢之类活动,更不得在上班时间举行,要确保工作时间与质量得到贯彻落实。

八、模板化是所有员工快速管理进步的法宝

我们认为规范化管理的要领是工作模板化。什么叫规范化?就是我们把所有的标准工作做成标准的模板,就按模板来做。一个新员工,看懂模板,会按模板来做,就已经国际化、职业化了,按现在的文化程度,三个月就掌握了。而这个模板是前人摸索几十年才摸索出来的,你不必再去摸索。各流程管理部门、合理化管理部门,要善于引导各类已经优化的、已经证实行之有效的工作模板化。清晰流程,重复运行的流程,工作一定要模板化。一项工作达到同样绩效,少用工,又少用时间,这才说明管理进步了。我们认为,抓住主要的模板建设,又使相关的模板的流程联结起来,才会使 IT 成为现实。在这个问题上,我们要加强建设。

九、华为的危机,以及萎缩、破产是一定会到来的

现在是春天吧,但冬天已经不远了,我们在春天与夏天要

念着冬天的问题。我们可否抽一些时间，研讨一下如何迎接危机？IT业的冬天对别的公司来说不一定是冬天，而对华为可能是冬天。华为的冬天可能来得更冷，更冷一些。我们还太嫩，我们公司经过十年的顺利发展没有经历过挫折，不经过挫折，就不知道如何走向正确道路。磨难是一笔财富，而我们没有经过磨难，这是我们最大的弱点。我们完全没有适应不发展的心理准备与技能准备。

我们在讨论危机的过程中，最重要的是要结合自身来想一想。我们所有员工的职业化程度都是不够的。我们提拔干部时，首先不能讲技能，要先讲品德，品德是我讲的敬业精神、献身精神、责任心和使命感。危机并不遥远，死亡却是永恒的，这一天一定会到来，你一定要相信。从哲学上，从任何自然规律上来说，我们都不能抗拒，只是如果我们能够清醒认识到我们存在的问题，我们就能延缓这个时候的到来。

繁荣的背后就是萧条。玫瑰花很漂亮，但玫瑰花肯定有刺。任何事情都是相辅相悖的，不可能是绝对的。今年我们还处在快速发展中，员工的收入都会有一定程度的增加，在这个时期来研究冬天的问题比较潇洒，所以我们提前到繁荣时期来研究这个问题。我们不能居安思危，就必死无疑。

危机的到来是不知不觉地，我认为所有的员工都不能只站在自己的角度立场想问题。如果说你们没有宽广的胸怀，就不可能正确对待变革。如果你不能正确对待变革，而是抵制变革，公司就会死亡。在这个过程中，大家一方面要努力地提升自己，一方面要与同志们团结好，提高组织效率，并把自己的好干部送到别的部门去，使自己部下有提升的机会。你减少了编制，避免了裁员、压缩。在改革过程中，很多变革总会触动某些员工的一些利益和矛盾，希望大家不要发牢骚，说怪话，特别是我们的干部要自律,不要传播小道消息。我认为,每一个人都要站在严格要求自己的角度说话,同时也要把自己的家属管好。一个传播小道消息、不能自律的人,是不能当干部的,因为你部下的许多事你都知道,你有传播习惯,你不会触及部下?他们能相信你?因此,所有的员工都要自律及制止小道消息的传播,帮助公司防止这些人成为干部。

十、安安静静地应对外界议论

对待媒体的态度,希望全体员工都要低调,因为我们不是上市公司,所以我们不需要公示社会。我们主要是对政府负责任,对企业的有效运行负责任。对政府的责任就是遵纪守法,我们去年交给国家的增值税、所得税是18个亿,关税是9个亿,加起来一共是27个亿。估计我们今年在税收方面可能再增加百分之七八十,可能要给国家交到40多个亿。我们已经对社会负责了。媒体有他们自己的运作规律,我们不要去参与,我们有的员工到网上辩论,那是帮公司的倒忙。媒体说你好,你也别高兴,你未必真好;说你不好,你就看看是否有什么地方可改进,实在报道有出入的,不要去计较,时间长了就好了。希望大家要安安静静的。

前几年国外媒体说我们资不抵债,亏损严重,快要垮了,不是它说垮就垮的。也许它还麻痹了竞争对手,帮我们的忙。半年前,也还在说我司资不抵债,突然去年年底美国媒体又说我司富得流油,还说我有多少钱。我看公司并不富,我个人也没多少钱。你们看我像有钱人吗?你们最了解,我常常被人误认为是老工人。财务对我最了解,我去年年底,才真真实实还清了我欠公司的所有账,这世纪才成为无债的人。当然我买了房子、买了车。我原来是10万元买了一台广州厂处理的标致车,后来许多领导与我谈,还是买一个好一些的车,万一车祸能抗一下。所以媒体说我们富，就富了？我看未必。而且美国媒体别有用心的编造，不知安的什么心。所以我们的员工都要自律，也要容忍人家的不了解，不要去争论。有时候媒体炒作我们，我们的员工要低调，不要响应，否则就是帮公司的倒忙。

我肯定地说，我同你们在座的人一样，一旦华为破产，我们都一无所有。所有的增值都必须在持续生存中才能产生。要持续发展，没有新陈代谢是不可能的。包括我被代谢掉，都是永恒不变的自然规律，是不可抗拒的，我也以平常心对待。

我认为，我们要严格要求自己，把自己的事做好，把自己不对的地方改正。别人说得对的，我们就改了；别人说得不对的，时间长了也会证实他说的没道理。

我们要以平常心对待。我希望大家真正能够成长起来，挑起华为的重担，分担整个公司的忧愁，使公司不要走向灭亡。为了大家，大家要努力。希望大家正确对待社会上对我们的一些议论，希望大家安安静静的。我想，每个员工都要把精力用到本职工作上去，只有本职工作做好了，才能为你的成长带来更大效益。国家的事由国家管，政府的事由政府管，社会的事由社会管，我们只要做一个遵纪守法的公民，就完成了我们对社会的责任。只有这样，我们公司才能安全、稳定。不管遇到任何问题，我们的员工都要坚定不移地保持安静，听党的话，跟政府走。严格自律，不该说的话不要乱说。特别是干部，要管好自己的家属。我们华为人都是非常有礼仪的人。当社会上根本认不出你是华为人的时候，你就是华为人；当这个社会认出你是华为人的时候，你就不是华为人，因为你的修炼还不到家。

"沉舟侧畔千帆过，病树前头万木春。"网络股的暴跌，必将对二三年后的建设预期产生影响，那时制造业就惯性进入了收缩。眼前的繁荣是前几年网络大涨的惯性结果。记住一句话"物极必反",这一场网络、设备供应的冬天,也会像热得人们不理解一样,冷得出奇。没有预见,没有预防,就会冻死。那时,谁有棉衣,谁就活下来了。

02
**华为供应链的过去：
集成供应链（ISC）**

> 为什么我要认真推IPD、ISC？就是摆脱企业对个人的依赖，使要做的事，从输入到输出，直接端到端，简洁并控制有效地连通，尽可能地减少层级，使成本最低，效率最高。就这么简单一句话。
>
> ——任正非2003年在华为内部干部培训班上的讲话
> 《在理性与平实中存活》

什么是集成供应链？

集成供应链的简称 ISC 是英文 integrated supply chain 的缩写，是指由供应商、制造商、经销商、零售商和客户等构成的集成网络，此网络中包含了不同的运作活动，比如采购、生产、销售、物流运输、客户服务、质量控制、研发和市场协同等，从供应到交付，是产品或服务从头到尾各种流程的整合。

几十年前，供应链上的各项活动是割裂的：在企业内部，买东西的买东西，负责生产的搞生产，跑运输的跑运输，管仓库的管仓库，谁也不管谁，谁也管不了谁，没有 IT 系统或者即便有 IT 系统也是各跑各的、各看各的，数据库信息各自封闭和保密；在企业外部，供应商与企业之间的关系是对抗式的，彼此之间很少关心对方的成长和长期成功，只关注当期的交易成本和交付，很少考虑彼此的利益共享和风险共担。所以企业整体运作效率低，沟通成本高，总体交易成本也高。

到了 20 世纪 80 年代，随着计算机产业的发展和普及，软件产业蓬勃发展起来，IBM 的个人电脑与微软的操作系统，苹果的 Mac 电脑和操作系统，SAP、Oracle 的数据库管理系统，都是在同一时代背景下产生的高科技产品。集成供应链管理的理念也就伴随着计算机的集成管理系统产生了。

集成供应链管理就是通过软件与技术的结合，打破原来企业运作过程中各节点的壁垒，将所有职能部门或节点运作活动整合在一起，通过信息共享，匹配供应和需求，将产品快速、灵活、准确地交付给客户，提高客户满意度；基于内部整合、供应商整合、客户整合，打通供应链内部的职能组织，使供应链高效运转起来。

此外，集成供应链管理，通过信息系统的集成共享、组织间的合作与协同，简化工作流程，将核心企业和供应链上不同层级的供应商及客户整合在一起，具有帮助企业增加收入、降低成本、确保产品质量、提高公司竞争力等优势。鉴于此，很多企业采用集成供应链管理理念进行供应链管理，比如当年发展如日中天的戴尔和宝洁公司都是通过集成供应链来构筑自己的竞争优势的。

IBM 也是集成供应链管理理念的倡导者和实践者。早在 1993 年，当时的新任 CEO 郭士纳（Louis Gerstner）接手后，IBM 就从战略层面将自己的供应链向集成供应链转型，并获得了成功。

1993 年前的 IBM 机构臃肿，摇摇欲坠，一年亏损 80 多亿美元。郭士纳接手以后，大刀阔斧地对 IBM 进行精简和变革，对产品开发、销售服务、采购、运营、供应链、客户关系管理、服务、人力资源、财务、信息技术、不动产等 11 个领域进行全流程再造，为 IBM 节省了 120 亿美元，硬件开发时间从 4 年缩减到 16 个月，产品及时交付率从 1995 年的 30% 提高到 2001 年的 95%，采购运输成本下降了 8000 万美元，消除坏账 6 亿美元，销售成本下降了 2.7 亿美元，材料成本下降了近 150 亿美元，使 IBM 扭亏为赢，从一家硬件公司成功转型为软件和服务公司，创造了"大象也会跳舞"的商业奇迹。

2002 年 1 月，IBM 开发建立了自己的集成供应链管理系统，而这时华为正好是 IBM 的大客户，正虚心向 IBM 学习管理，于是华为成为 IBM 集成供应链管理系统的先行者和实践者，享受了 IBM 集成供应链管理流程变革带来的红利和绩效改善的成果。

华为集成供应链的理论基础和运作模型

SCOR模型

SCOR 是英文 supply chain operation reference 的缩写，称作"供应链运作参考模型"，最早是由国际供应链协会（SCC）在 1996 年提出的。此模型一经提出就广受多个行业的认可，目前此理论模型已经发展到第 12 个版本。原国际供应链协会在 2014 年被并入美国生产与库存管理协会（APICS），2019 年更名为国际供应链管理协会（ASCM）。感兴趣的读者可以搜索关键字 ASCM 进一步学习 SCOR 模型。

SCOR 模型的独特之处在于，它将业务流程、绩效指标、企业实践和人员职能链接到一个统一的、跨功能的系统框架中。

SCOR 模型围绕着五个基本管理流程，即计划（plan）、采购（source）、制造（make）、交付（deliver）和退换修（return）进行运作，涉及所有与客户及供应商的往来活动（从报价到付款的资金流），所有实体物料的传送（从供应商的原材料、元器件到交付给客户的产成品，包括物料、设备、备件、半成品、批量成品、软件等的实物流），以及所有与市场需求信息的互动（包括从理解需求、确定需求计划到每个订单履行的信息流）。SCOR 模型里涵盖了以本企业为核心、包括供应链上下游的所有供应商及客户；该模型提供了一个端到端的全流程贯通的供应链解决方案。

下面我们分别来看一看 SCOR 模型包含的五个基本管理流程：

（1）计划（plan）

这里的计划是指规划"需求和供应"的一系列供应链活动，包括搜集客户需求信息，提供可供应的资源信息，平衡客户需求和资源供应之间的关系，找出需求与供应之间的差异，并制定策略和行动方案来缩小差异、解决供应短缺问题。

举个简单的例子。为了做出一桌丰盛的菜肴，你需要列出你想做的菜品，列出买什么食材和调料，你还需要列出去哪里获得这些资源——如果这个菜市场没有，你还得有备份方案；买回来的食材如何保存才能保鲜；买多少食材可以既不浪费又满足客人的饮食需求；等等。这些都是计划工作。

（2）采购（source）

这里的采购寻源，是指选择能为你的产品和服务提供货品和服务的供应商，并和供应商建立一套定价、交期、付款、收货、运输、仓储、发票等合作管理的流程，此外还需要建立一套机制去监控和改善从报价到付款的所有流程。

还是以做菜为例。大厨去采购，有些菜农或菜贩是长期合作伙伴，按老规矩送货开票付款就可以了，有些新的供应商则需要开发，这就需要制定采购的规则，如价格、交货周期、交货地点、质量数量要求等；

为了防止大厨贪污受贿，还需要有一套监管机制，如开发供应商的大厨与下单采购的大厨不能是同一个人；为了保证供应商的食材安全、卫生、质量好，还需要定期对供应商进行稽核审计；等等，这些都是采购要做的工作。

（3）制造（make）

这是物料转换为成品或服务的过程。具体来说，是指安排生产、组装、测试、包装等活动，是供应链中管理内容和管理细节最多的部分，包括质量、产量和效率等控制活动。

这就好比大厨做菜的过程。厨房要干净卫生、厨具灶具要配套齐全、大厨要手艺高超、火候要控制好、程序不能错、食材要新鲜优质，这些都是保证一道上等菜品的必要条件。

（4）交付（deliver）

很多人认为交付就是"物流"，实际交付是指按照客户需求，安排交付时间、数量，建立仓储机制，安排运输人员提货或送货到客户手中，建立收发货及收付款系统的活动。这就类似上菜的过程。菜盘和摆设要精致漂亮一点，上菜要快一点；凉菜或熟菜如果厨房冰箱冷柜里有现成的备品，直接端上来即可。上菜不快的话，客户可能就跑掉了。

（5）退换修（return）

这是指供应链中的售后处理环节，是指从客户端向企业端的逆向流程和体系：接收客户退回的不良或多余产品，对不良品进行处置或处理，并在客户应用产品出现问题时提供支持和服务。也就是说，如果你端上来的菜品不能让客户满意，客户要求退或者换，你得及时疏导你的客户，满足客户的要求，这就是"退换修"的过程。

供应链管理中涉及的经济学原理

由于供应链管理是一门跨学科的专业，涉及经济学、管理学、金融学、会计学、管理工程学、运筹学、数据挖掘与分析、商务英语、经济法、商业伦理、社会经济统计等多门学科，成为一名供应链高手或专家需要掌握多项技能和丰富的知识储备，以及长年累月实战经验的积累。不懂理论和现象背后深层次逻辑机理的人，只能被动学习、接受表面知识，不能再生和创造新的知识；掌握了理论，也就是方法论，可以让你融会贯通，举一反三，形成自己的知识框架体系和方法，即使是跨行业、跨部门进行管理，也能触类旁通，而不至于生搬硬套。这就是所谓的"知其然"还要"知其所以然"。

下面，我们就来简单了解一下与供应链相关的几个经济学原理。

（1）多米诺骨牌效应

指的是在一个相互联系的系统中，一个很小的初始能量可能产生一连串连锁反应。比如，一个小小的烟头，可能导致一场森林大火；一个很小的质量瑕疵事件，可能会引发无数个大的风波，甚至导致企业破产，如2018年发生的长生生物疫苗恶性事件。蝴蝶效应也是类似的原理：很小的一件事常常会引起巨大的反响或反应。如美国商务部对中兴通讯的一条禁售公告，会影响中国通信设备产业链和手机产业链上无数家企业和从业者的生存，影响整个产业链的重新布局甚至世界格局。

（2）牛鞭效应

是指在信息流从最终客户端向原始供应商端传递时，无法有效地实现信息共享，使得信息扭曲而逐级放大，从而导致需求信息被放大的现象。这种信息的放大从图形上看很像一条甩起的牛鞭，因此被形象地称为"牛鞭效应"。比如，最终客户需求发生变化时，对不同层级供应商的成本和库存要求就会放大，每个层级都会加上一定的

buffer（冗余量），其结果就是，最上一级的供应商得到的是最不真实的需求，所以计划员需要将计划做到尽可能精准，采购需要管理好自己的供应商，避免库存风险。

（3）控制关键点原理

指的是管理者尽可能选择控制关键点，如主要影响因素或起关键作用的因素，控制住了关键点，也就控制住了全局。控制关键点原理是控制工作的一条重要原理。举例来说，供应商的生产运营活动中，需要管理的方方面面和细节实在是太多了；对于一个运营管理人员来说，他必须学会抓住关键点进行管控，比如学会对人、机、料、法、环这五大要素进行管理，每天只需要跟踪投入、产出和出货，跟踪效率、良率这几项数据指标，基本就掌握了生产状态。"打蛇打七寸""擒贼先擒王"也是这个道理。

（4）博弈论

又称"对策论"，是研究具有斗争或竞争性质现象的数学理论和方法。具有竞争或对抗性质的行为称为博弈行为，参加斗争或竞争的各方通常追寻不同的目标或利益，为了实现各自的目标和利益，博弈的双方必须考虑各自可能的行动方案，并试图选择对自己来说最有利或最合理的方案。博弈论就是研究博弈行为中各方是否存在最合理的方案，以及研究找到这个合理方案的数学理论和方法。博弈论已经成为经济学的标准分析工具之一。比如，采购和供应商之间，可能就是一个长期博弈和斗智斗勇的过程；再比如，供应商在投标报价时，需要考虑其他竞争者的报价以确定自己的报价，这也是一个博弈的过程。

（5）边际效应

是指在经济成本最小的情况下实现最大的经济利润，从而达到帕

累托最优 [①]。又指物品或劳务的后一单位比起前一单位的效用；如果后一单位的效用比前一单位的效用大，则是边际效用递增，反之则为边际效用递减。例如我们在计算经济订货批量（EOQ）时，用的就是边际成本为零的原理，使采购成本等于库存成本。

（6）木桶定律

是指一只木桶能盛多少水，并不取决于最长的那块木板，而是取决于最短的那块木板；也可以称为"短板效应"。举例来说，采购员采购物料，每颗物料的交期不一样，但生产却要求所有物料同时具备，缺少任何一颗物料都无法完成生产，那么缺料就是短板。在实际采购工作中，要避免发生短板效应。

（7）规模效应

是指当生产规模增大，达到或超过盈亏平衡点时带来的经济效益提高。企业的成本包括固定成本和变动成本，在生产规模扩大后，变动成本同比例增加而固定成本不增加，所以单位产品成本就会下降，企业的销售利润率就会上升。但是规模过大，可能导致信息传递速度慢且造成信息失真、管理官僚化等弊端，反而产生"规模不经济"，这是需要注意的问题。国内的各种产品为什么能那么便宜，就是规模效应产生的结果。

（8）马太效应

强调"强者恒强，赢家通吃"的道理。比如，在某些行业，只有一两家技术垄断者，如手机操作系统，只有谷歌的安卓和苹果的 iOS

---

① 编者注：帕累托最优（Pareto optimality），也称为帕累托效率（Pareto efficiency），是指资源分配的一种理想状态。假定人群和可分配的资源是固定的，从一种分配状态到另一种状态的变化中，在没有使任何人境况变坏的前提下，使得至少一个人的境况变得更好。人们追求"帕累托最优"的过程，其实就是管理决策的过程。

系统，PC 操作系统也只有 Windows 和苹果的 Mac 系统；它们构建的系统生态也会越来越强。

还有其他一些理论，如供求关系理论、帕累托效应、奥卡姆剃刀定律等，大家可以去网上查询，自行学习。建议大家多读一些经济学和管理学方面的书籍，学会用数理逻辑思维构建自己的知识框架和方法论，当然更重要的是要学以致用，将这些经济学原理应用在自己的工作实践中。

"做鞋赶不上脚长"，天天忙"救火"

1998 年，华为的业务快速扩张，销售收入达到 89 亿元，已经成为国内第一大电信设备提供商，开始向非洲、东南亚、中东、南美、俄罗斯等地区和国家拓展市场。

由于华为业务发展太快，客户需求无法预测、生产计划做不准、工程订单和采购订单频繁变更，客户订单常常不能及时交付，生产产能与采购不能及时匹配，发错货的现象也时有发生，产品质量经常不合格，市场人员天天忙"救火"。当时的供应链绩效情况如下：

- 准时交付率 50%，远低于业界平均 94% 的水平；
- 库存周转率为 3.6 次 / 年，远低于业界平均 9.4 次 / 年的水平；
- 交付周期 25 天，远低于业界平均 10 天的水平。

"做鞋赶不上脚长"，天天忙"救火"。管理水平的滞后，使得华为的研发周期是业界最佳水平的两倍；业务的扩张，使得华为的管理成本倍增，在销售额增加的情况下，销售利润却下降了。如何管理供应链、提高供应链的整体运作水平，应对业务爆发式的增长？这是摆在华为人面前的一个严峻问题。

任正非前瞻性地认识到华为与世界级领先企业的差距，如同集成产品开发（IPD）变革，供应链也必须改革；只有提高内部管理水平，降低供应链的运作成本，才能帮助华为增加利润——必须向 IBM 学习。

IBM 的顾问对华为的供应链做了系统而全面的分析和诊断，梳理出供应链上的 78 个问题，主要归纳为：

（1）需求预测问题

华为 80% ~ 90% 的市场预测是根据洽谈中的客户项目来做的，但是由于缺乏有效的预测方法和预测工具，华为没有任何销售和运营计划（S&OP）的流程。前端市场销售人员给出的预测准确度不高，导致公司管理人员需要花费大量精力在后端及公司内部资源管理上。

（2）采购问题

华为的产品由多个部件或元器件集成配置而成，但这些部件的供应商数量和质量控制标准都不一样，有些部件的供应商太多，有些部件的供应商又太少；有些供应商的部件质量好，有些供应商的部件质量差，造成产品的供应和装配没有数量和质量方面的保障；供应商数量和质量的不一致又增加了供应商管理的难度。此外，采购部门仅和极少数供应商签订了正式的采购协议，对供应商缺乏有效的管理和控制，供应商常常无法有效配合；对于一些紧缺物料，供应商根本供不上货。在产品研发的早期阶段，采购也没有充分介入对供应商的选择，导致产品有需求时"临时抱佛脚"，不仅采购成本高，还无法保证部件的供应和质量。

（3）订单履行问题

华为的订单流程复杂，流程中采用了许多模块系统，这些模块是完全分散的；流程涉及许多部门，这些部门也没有整合在一起，导致客户无法了解订单的去向，更不知道自己的订货处于何种状态；销售人员在签单时也得不到可靠的供应信息，导致承诺的发货日期无法匹配公司的生产计划和产能，从而使公司失信于客户。

（4）交期问题

物料的采购周期长，电子类物料的平均采购周期为 12 ～ 16 周。另外，生产周期也长，从半成品到整机有时候需要 1 个月的时间。许多客户定制化产品的订单经常欠料装配，导致给客户的齐套交期非常长，准时交付率很低。

（5）生产问题

工程变更（ECO）频繁、物料清单（BOM）信息经常变化，导致 MRP Ⅱ 无法提前执行和驱动生产；生产计划不合理，使得生产所需的物料到达不及时；大量的物料和半成品库存又影响了库房收发物料的效率，生产部门只能组装现有物料，等新料到时再上线补工序，结果造成大量人力和时间的浪费；由于成品不齐套，又不得不延期发货；库存信息不透明，常常靠人员之间沟通、手工做账调转物料。

从生产计划到物料采购、库存管理、物流运输，都直接影响了华为产品的生产效率和周期。

（6）客户服务问题

由于缺乏对端到端流程的协调，客户工程师能获得的信息很少，代表处人员没有足够信息解决客户问题。经常出现的情况是：客户工程师在收到升级软件一个月后才收到操作手册；客户工程师不知道交换机的精确配置，每次都必须去现场发现。

（7）IT 系统问题

华为自 1996 年起就引入了 Oracle 的 MRP Ⅱ 系统，为公司供应链业务的运作提供服务。但除 MRP Ⅱ 以外，还存在许多因为 MRP 系统功能不足而补充或增加的 IT 应用模块，如 CRM（客户关系管理）系统和其他一些零散的数据库，这些系统分别在不同的平台和环境中运行，只关注并完成某一个流程环节的业务。MRP Ⅱ系统的数据与各部门使用的IT流程数据不一致，影响了MRP Ⅱ系统在各业务部门的广泛使用；IT系统底层的供应链技术，也没有形成一个企业级的工作流，急需打通所有工作环节和职能部门。

（8）供应链评价标准问题

业界大型企业一般会从供应链的可靠性、响应性、柔性、成本和资产利用效率这五个角度来评价供应链运作绩效，但华为没有任何评价指标，也没有主动收集国内外电信设备厂商的相关表现。也就是说，华为还没有形成一套对供应链进行系统管理和评价的体系，无法对供应链的现状与问题进行有效管理、跟踪和改善。

（9）公司的组织机构问题

华为内部各部门层级多且各自为政，相互割裂，信息共享不到位，缺乏沟通和合作的意识与机制，无形中使得工作效率更加低下。

有了这些对问题的清晰描述和界定，在IBM顾问的指导下，华为项目团队确定了ISC变革的目标：一是建立以客户为中心的集成供应链，满足客户需求，提高客户服务水平；二是建立成本最低的集成供应链；三是增强供应链的灵活性和反应能力，缩短供应周期，提高供应链运作效率，形成华为的竞争优势。

为了实现这些目标，在IBM顾问的帮助下，华为重新设计了运作流程，厘清流程的角色，提出了对IT系统的集成需求和组织变革的方案，并建立关键绩效指标（KPI）来评估ISC变革的效果。

大刀阔斧的供应链变革

在 ISC 变革之前，华为的供应链是烟囱式的独立模块，供应链各个环节是封闭的，信息既不透明也不共享，所以对 ISC 变革项目组而言，当时最需要做的就是先构建供应链内部流程体系，改善原来的销售流程、计划流程、采购流程、生产流程、交付流程等，形成以需求计划驱动，采购、生产、物流、销售相互协作的规范化的供应链管理。

我们看看华为是怎么做、怎么改的。

销售订单管理流程变革

针对原来销售流程缺乏生产状态可视性的问题，变革项目组延伸了原先的 MRP 系统，使得销售人员也能访问和跟踪，看到生产过程中的订单状态，帮助销售人员对客户做出准确的承诺和快速的响应；同时增加对合同的检视功能，方便销售人员在进行项目和条款核对后做出承诺，避免合同错误。

在销售流程中引入集成销售配置器，并用基于 Web 的方式向客户开放，给客户更多标准配置的选择，提高订单配置的准确性，也提高客户满意度；同时缩短合同处理流程，进而缩短整个订单的交付周期。

计划调度流程变革

针对原来的计划模块缺乏有效的预测方法和预测工具的问题，华为在计划流程中引入 S&OP，即对市场营销和销售计划、制造、研发、采购和财务方面的有效资源进行综合平衡，以此更新各部门计划，使其协调一致，以实现公司总体的经营战略目标。S&OP 包括客户的订单计划、生产计划、产能规划、采购计划和库存管理计划。S&OP 将华为 3 到 5 年的战略规划和 1 到 2 年的业务计划细化为市场、销售、研发、采购、MRP、制造、企业资源计划（ERP）和产品管理等各个环节的运作计划，并根据客户需求的变化动态调整具体运作环节的计划，每个月定期滚动发布。

此外，还引入全面订单管理（TOM）模型管理计划和订单。将制定计划时涉及的判断、排序、取舍、权衡提炼成"业务规则"并固化到应用系统中，减少人为干预，形成规范化管理，避免订单紧急而导致的计划变更。

通过销售、计划、采购、生产、仓管等部门共享系统数据库，提高订单、物料清单、采购需求、生产计划和库存等基础数据的准确性。

采购流程变革

首先与财务部门密切配合，统一采购流程，确定"四重匹配"的原则，即要求与供应商签订的合同、给供应商下的订单、入库单及供应商提供的发票必须相互匹配；发票不再由采购部递交到财务部，而是由供应商直接寄到财务部。这种做法，对采购起到了一定的约束作用，有效减少了腐败的发生，也起到了内部监督的作用。

其次对采购物料进行分类，并对不同物料建立采购专家团（CEG）；对供应商进行分级管理，改变过去与供应商作为贸易对手的敌对关系，引入竞争机制，并与核心供应商建立起战略合作伙伴关系，互惠互利、相互支持、共同发展；加强采购的绩效管理，推行基于业界最佳实践的TQRDCE供应商认证流程，即按照技术（technology）、品质（quality）、响应（responsiveness）、交付（delivery）、成本（cost）和环境保护（environment）六大要素选择和认证供应商，实现采购成本的下降和来料质量的提升，获得综合的采购竞争优势。

此外，从产品研发阶段就要求采购介入，寻找可靠的、有能力的供应商共同开发新产品，与供应商共享需求信息，提前备料，提高物料供应的齐套率。

制造流程变革

计划流程的变革使得生产计划变准确了，采购的物料也更能满足生产计划的时效要求，同时 ISC 变革项目组还升级了 Oracle MRP Ⅱ 系统，使系统基础数据更加准确和完善，提高了生产流程效率。

针对不同的产品需求，制造部建立不同的生产模式，如 BTO（按订单生产）模式或 BTS（按库存生产）模式，并融入 JIT（准时制生产方式）、TQM（全面质量管理）等管理思想；将一些工艺条件成熟、技术稳定的产品和部件发给 EMS 外包工厂生产，加大外包的推行力度，使制造部能够腾出生产设备和人力生产新产品和工艺难度大的产品，做到增产不增人、少增人，提高人均生产效率和制造柔性。

仓管和物流流程变革

华为通过采用条形码、射频识别等技术，减少手工作业，对供应商的来料、库存及盘点进行高效管理，降低库存水平，提高库存周转率，降低库存折旧和损耗的风险；同时建立自动物流中心和自动立体仓库，通过现代化的技术手段，提高仓库和物流的运作效率，减少物料移动，缩短生产周期。

IT系统变革

ISC 变革的主要目的就是将各碎片流程集成起来，将各部门使用的相对独立的各流程环节的 IT 系统集成到一个 IT 系统平台中，这是必须，也是必然。

首先，变革项目组对原 MRP Ⅱ 系统进行版本升级，解决现有功能模块应用中存在的技术问题，并在功能上有所增加和增强，比如：

建立起 ECO 管理工具，帮助研发和工程部门对 ECO 做出有效预估，提前预知 ECO 对整个供应链的影响，如成本、物料、供货期等，使 ECO 能够被更好地评估、管理、计划和推行。

其次，变革项目组根据华为的业务运作模式，对公司内部使用的 IT 系统进行了改造，以支持内部供应链主流平台 Oracle MRP Ⅱ 的系统中心数据库为基础，将各部门使用的分散的数据"孤岛"集成到一个统一的平台之上，共享唯一的数据源，打通数据接口，统一数据标准，保证数据的一致性和完整性。

变革后的 IT 系统集成了原 MRP Ⅱ 系统、APS（高级计划与排程）系统、电子采购（i-procurement）系统、订单履行系统、物流管理系统、人力资源管理系统、CAD（计算机辅助设计）系统和其他 ERP 系统模块及 CRM 系统等，将华为的计划、调度、工程、采购、生产制造、物流交付和客户服务等工作有效衔接和协同起来。

变革项目组还开始着手建立业界最佳实践、历史问题、解决方案的知识库，对来自客户和公司内部的所有问题及需求进行跟踪和管理，为产品升级、服务改进、流程优化提供客观依据，实现知识共享。在知识经济时代的当下，这个平台已经成为华为最大的知识财富和知识资产。

组织变革

ISC 变革使得公司原先的组织和职责无法适应新的流程，于是项目组根据新流程的步骤和需求，重新设计了组织架构及相应的角色和职责，对原来的组织架构进行调整，同时兼顾公司文化和绩效考评系统，以确保变革后的流程顺畅运行。

通过 ISC 变革，公司改造原来的制造管理委员会，将原来的制造部门、计划部门、采购部门、进出口部门、认证部门、运输部门和库存管理部门合并为一个大的供应链管理部门，也就是今天"首席供应官"的前身，由副总裁分管供应链管理部。

为了确保 ISC 变革项目的成功，任正非亲自督导成立集成供应链变革指导委员会，在变革项目启动之初，就给出指示：全公司上下一条心，一定要把集成供应链项目做成功；谁阻挠我们前进，谁就靠边站，我们不允许有绊脚石的存在。在这样的指导思想下，变革项目组将所有涉及流程的部门的负责人拉入项目执行团队，谁执行不好，谁就承担直接责任，或扣减奖金、冻结涨薪，或换人，将变革阻力降到最低。

华为集成供应链变革的成果和启示

从 1999 年到 2003 年，ISC 变革项目基本实施完成，华为成功地整合了内部订单处理、采购、制造、物流、交付等流程，华为供应链系统的效率得到了极大的提升，华为的响应能力、灵活性、客户服务能力都得到了极大的改善，具体情况如下：

- 客户满意度提高了 15% ～ 30%；
- 库存周转率提高了 60%，从原来的 3.6 次 / 年上升到 5.7 次 / 年；
- 订单履行周期缩短了 30%，从原来的平均 25 天缩短到 17 天；
- 成本降低了 25%；
- 订单准时交付率从变革前的 50% 上升到 65%。

通过 ISC 变革，采购与供应链团队学会了用全流程的眼光看待、分析和解决问题，学会了相互间理解与团队合作，建立了华为的采购理念和采购准则——选择和管理供应商的三阶九步法 [①]，有了从管理需求、执行采购到供应商评审的端到端的采购流程，也有了与之相配套的组织模式。采购不再单打独斗，而是成为华为供应链最重要的一环和供应链赖以存在的基础。

ISC 变革之前，华为并没有供应链管理的概念，只有一个制造部负责牵头协调各部门的工作；变革以后，原来的各职能部门，如制造部、计划部、采购部、进出口部、认证部、运输和库存管理部门合并为一个大的供应链管理部，营造了一种合作、共享的团队文化。

通过 ISC 变革，华为将供应链放到前所未有的高度，对供应链管理建立起一系列绩效评估指标，如客户满意度、准时交付率、交付周期、库存周转率、总成本降低率、资产使用效率、现金周转天数等。

华为的 ISC 以客户为中心，贯穿了从供应商到客户的整个过程，最终为客户服务。客户和供应商成为华为供应链的一部分，是与华为形成互动关系的供应链流程的参与者。

ISC 流程还有效支撑了华为产品的交付及与研发的协同，使华为公司向着后来的发展迈出了重要的一步，供应链开始被华为视为企业"第三利润"的源泉。

IPD 和 ISC 两大变革的成功，从根本上提升了华为的整体竞争力，为华为走向国际奠定了扎实的基础——因为"行稳方能致远"！

从华为 ISC 变革成功的经验中，国内的广大企业可以得到什么启示呢？

---

① 编者注：三阶九步法，是指华为在采购流程中对供应商的管理规范和步骤。三阶是指采购流程的三个阶段，包括供应商选择和认证、采购执行、供应商绩效考核和评估。九步是指在采购流程中确定的九个关键步骤，包括供应商资质认证与考察、供应商物料族认证与测试、比价与谈判及合同签订、具体物料询价与报价、采购订单执行与管理、物料交货与验收付款、供应商绩效评价、供应商沟通与反馈、供应商评估管理。

第一，企业的供应链是企业核心竞争力的一部分。没有供应链的成功，就谈不上企业未来发展的成功。华为就是典型案例之一。

在现实实践中，很多企业似乎并没有认识到这一点，其实，过去的华为也是如此。华为人曾经认为："采购、供应链，不就是买买东西、做好服务吗？有钱还怕买不到东西？"然而现实是——有钱也会遭遇买不到东西的情况。美国的贸易禁令就是如此，中兴因此面临巨大危机。再比如伊朗，曾经是一个富饶的石油国家，受到美国的贸易制裁后，经济倒退了几十年。

第二，现代化的企业管理中，IT 系统非常重要。随着数字经济时代和智能社会的到来，企业要舍得在信息化建设方面投入，尽可能采用现成的、成熟的、优秀的企业管理系统，对企业进行高效管理。

中国有几千万家中小企业，很多企业还停留在小作坊的状态，很多制造企业还完全依赖人工，企业管理也都是企业主凭自己的直觉和经验进行决策，并没有 IT 管理系统。有些企业买系统也是挑最便宜的买，结果常常因为系统缺乏某一项功能而被迫不停地更换系统，最后发现花的钱不算少，却没有买到一套帮助企业成长的好系统。IT 系统管理从本质上讲就是用系统帮助公司梳理管理流程，使得管理更加规范和标准。一旦公司的规模变大，就会感受到系统管理带来的好处和便捷。

第三，在没有现成经验时，企业要舍得"交学费"。尊重专业性，开放思想，不要有狭隘的民族主义，要以国际视野向业界顶尖的企业学习，向一切有利于社会进步的先进力量学习。让前辈或标杆企业领着前进要比自我摸索更快、更有效率，效果也更好，能够有效实现弯道超车和跨越式发展。

在企业的发展过程中，很多事情并没有经验可循，但华为人好学、善于学习，舍得"付学费""请老师"，学得快，用得更快。华为人善于分析、善于总结、善于领悟，用自己的智慧创造性地思考，寻求解决方案，并在实践中不断纠错。

很多企业老板本人很好学，报名各种各样的管理课程，却舍不得给员工培训，给企业找顾问。其实很多时候，"外脑"更管用，专家的权威度更高。除了"旁观者清"，专家还有丰富的企业指导经验，能够指导团队进步。就好像学生苦思冥想却找不到解题思路，碰上一个好的老师，立刻就明白了。不过现在市场上滥竽充数的"假专家"太多，想要找一个真正的内行也不容易。

第四，为了确保变革项目成功，必须从公司最高层做起。从变革的立项到项目的执行、过程监督、结果呈现和汇报，都必须有公司"一把手"和部门"一把手"的亲自参与，以确保变革阻力最小，变革最彻底。

原 IBM 总裁郭士纳在他的《谁说大象不能跳舞》一书中提到，正是他作为公司的掌舵人，坚决彻底地对 IBM 进行改革，才扭转乾坤，使 IBM 起死回生。历史上的变革，如光绪年间的"戊戌变法"，没有掌权派慈禧的支持，注定变革失败。没有人喜欢变革，变革会伤及自身利益或权力，除非"一把手"坚决要求。有经验的咨询师会告诉你，他们只接"一把手"的咨询项目，因为这样的项目才会成功；接一个注定失败的项目，反而会有损自己的声誉。

第五，除了先进的理论指导、优秀"导师"的现场辅导之外，企业"自家人"的聪明才智也很重要。要根据企业的特点制定适合自己的可实施的变革方案，坚持"先僵化，再优化，后固化"的管理原则，长期贯彻执行，将"天上飘的理念"变成"地上可操作的实践"，帮助企业实现变革和成长。

企业要实现可持续发展，其力量来源于自己，而非别人。顾问也好，老师也好，他们提供了方法和经验之后，迟早都会离开。所谓的"师傅领进门，修行靠个人"就是这个意思。企业需要"内化"，将外界的方法和经验转变为自己的东西，形成企业的内生能力，这就需要企业里的人将"好经验和好方法"固化到自己的体内，成为企业"自己的东西"，永久地存续下来。

拓展阅读：

任正非管理思想之"我们向美国人民学习什么？"

> 导读：这是任正非在1997年年末走访考察美国科技企业后，回来发表在内部刊物《华为人》上的一篇文章。任正非强烈感觉到华为与国外大型企业的差距、中国与美国的差距，领悟到美国科技企业的创新精神和奋斗文化；意识到小公司向大公司转变靠的是管理和人才，于是下定决心进行变革并且选择了IBM作为自己的"老师"。

九七年岁末，在西方圣诞节前一周，（我们）匆匆忙忙地访问了美国休斯公司、IBM公司、贝尔实验室与惠普公司。美国人都在准备休假，我们却要在这么短的时间，横跨美国大陆从东向西访问。这些大公司的许多高级人员都等着我们，给予了我们热情真诚的接待，着重介绍了他们的管理，我们得到了许多收获。

一、前赴后继的创新精神与浪起云涌的创新机制

我去过美国很多次，美国人民的创新机制与创新精神留给我很深的印象。他们连玩也大胆去创新，一代一代人的熏陶、

传递,一批又一批的移民又带来了不同文化的冲击、平衡与优化,构成了美国的创新文化。越来越多的科技英雄的涌现与消亡,都对推动美国的科技进步做出了贡献。美国占据了世界60%的电子市场,我们不能不对那些在信息潮流中不断涌现的英雄给予崇高的敬仰。信息潮的变幻莫测,快速的演变,使一批一批的大企业陷入困境,以至消亡;一批一批的小企业,成长为参天大树,大树又遭雷劈。不断地生,不断地亡,这是信息产业的特点。华为由于幼稚不幸进入了信息产业,后退就是死亡,被逼上了不归路,创业者及继承者都在销蚀健康,为企业生存与发展而顽强奋斗。

纵观美国信息产业的兴亡史,令人胆战心惊。五百年春秋战国如果缩到一天内进行,谁是英雄? 巨大的信息潮,潮起潮落,随着网络技术与处理技术的进步,新陈代谢的速度会越来越快。因此很难再有盖棺论定的英雄,任何过路的豪杰都会对信息业的发展给予推动。我们应尊重他们,学习他们,批判地继承他们。

IBM是昔日信息世界的巨无霸,却让一些小公司"作弄"得几乎无法生存,以致1992年差点解体。为了解除困境,励精图治,IBM重新走上改革之路,同时付出了巨大的代价。曾经受联合国工作人员致敬的王安公司,从年销售35亿美元,到如今已经消失得无影无踪了。创立个人电脑的苹果公司,几经风雨飘摇,我们还能否吃到下世纪的苹果? ……再这么发展下去,发展中国家还有多少人敢进入信息产业。美国在这种创新机制推动下,前赴后继、层出不穷的高科技企业叱咤风云,企业不论谁死谁亡,都是在美国的土地上,资产与人才仍然在美国,破产只是拴住了法人,员工又可投入新的奋斗。这种从国家立场上来讲的宏观力量,永恒地代表美国的综合国力。由于信息产业的进步与多变,必须规模化,才能缩短新产品的投入时间,而几万人的公司又易官僚化。美国在科技管理上的先进也是逼出来的。发展中国家无论从人力、物力及风险投资的心理素质来说，都难以胜任。如果发展中国家不敢投入信息产业奋斗，并逐步转换成实力，那么美国的市场占有率就将从60%提升到70%、80%……它占得越多，你就越没有希望。

推动技术进步的市场需求已经启动，世界近廿年来，人民生活有了较大的改善，人们从温饱开始寻求知识、信息、文化方面的享受，从而使电子技术得以迅猛发展。得到巨额利润润滑的信息产业，以更大的投入引导人们走向新的消费。这种流动使所有产业都得到润滑，互相促进了发展。

例如：中国的农民缺少专业化的教育及培训，如果电子业向他们提供充足、理想的网络服务，通过网络，使他们得到各种培训与商业交流（例如养牛、种地，假设有数十万种……）的机会，就能使9亿农民的素质提高，劳动力获得解放。一是种好现在的地，并进行产品的深度加工，大幅度地提高农产品的附加价值；二是多余的劳动力及资金找不到出路就会去开发荒山，绿化荒山。绿化的荒山提高了人的生存质量，人们又要向更高层次进取。那时中国大量过剩的优质劳动力在相当长的时期内，仍然比较便宜，中国在加工业上会永远有较强的国际竞争力。只要在自主开发上逐步努力提高，中国在下个世纪有望获得经济大国的地位。所以科教兴国是中国走向富强的必然之路，只有坚持十二大提出的"提高全民族文化素质"，中国才会有希望。中国自己有庞大的市场需求，中国历史上也有冒险家，党的十五大的开放政策比较好，中国应该产生一些敢于在高科技产业有所作为的公司和时代的弄潮儿，联想、北大方正……不是已经启动了吗？我们并不孤单。

二、优良的企业管理

IBM 的副总裁送了我一本书，是哈佛大学出版的，讲对大项目的管理，非常有道理。在财政部部长刘仲藜访问我公司时，（我）又把这本书送了他。我们在 IBM 整整听了一天管理介绍，对它的管理模型十分欣赏，对项目从预研到寿命终结的投资评审、综合管理、结构性项目开发、决策模型、筛选管道、异步开发、部门交叉职能分组、经理角色、资源流程管理、评分模型……从早上一直听到傍晚，我身体不好，但不觉累，听得津津有味。后来我发现朗讯也是这么管理的，都源自美国哈佛大学等著名大学的一些管理著述。

圣诞节美国处处万家灯火，我们却关在硅谷的一家小旅馆里，点燃壁炉，三天没有出门，开了一个工作会议，消化了我们访问的笔记，整理出一厚叠简报准备带回国内传达。我们只有认真向这些大公司学习，才能使自己少走弯路，少交学费。IBM 是付出数十亿美元直接代价总结出来的，它经历的痛苦是人类的宝贵财富。

IBM 作为巨无霸一直处在优越的产业地位，个人电脑及网络技术的发展，严重地打击了它赖以生存的大型机市场。80 年代初期 IBM 处在盈利的顶峰，它的股票市值超过西德股票之和，它也成为世界上有史以来盈利最大的公司。经过 13 年后，它发现自己危机重重，才痛下决心，实行改革，在 1992 年开始大裁员，从 41 万人裁到现在的 26 万人，付出了 80 亿美元的行政改革费用。由于长期处于胜利状态，造成的冗员、官僚主义，使之困难重重。聪明人十分多，主意十分多，产品线又多又长，集中不了投资优势。又以年度做计划，反应速度不快。管理的混乱，几乎令 IBM 解体。华为会不会盲目乐观，也导致困难重重呢？这是我们访美的目的。

1993 年年初，当郭士纳以首位非 IBM 内部晋升的人士出任 IBM 总裁时，提出了四项主张：1. 保持技术领先；2. 以客户的价值观为导向，按对象组建营销部门，针对不同行业提供全套解决方案；3. 强化服务，追求客户满意度；4. 集中精力在网络类电子商务产品上发挥 IBM 的规模优势。第 4 项是针对 1992 年 IBM 所面临的解体为 7 个公司的情况而说的。规模是优势，规模优势的基础是管理。

历时 5 年，IBM 裁减了 15 万职工（其中因裁员方法的不当，也裁走了不少优秀的人才）。销售额增长了 100 亿，达 750 亿美元，股票市值增长了 4 倍。听了一天的管理介绍，我们对 IBM 这样的大公司管理制度的规范、灵活、响应速度不慢有了新的认识，对这样一个庞然大物的有效管理有了了解，对我们的成长少走弯路，有了新的启发。华为的官僚化虽还不重，但是苗头已经不少。企业缩小规模就会失去竞争力；扩大规模，不能有效管理，又面临死亡。管理是内部因素，是可以努力的。规模小，面对的都是外部因素，是客观规律，是难以以人的意志为转移的，它必然抗不住风暴。因此，我们只有加强管理与服务，在这条"不归路"上，才有生存的基础。这就是华为要走规模化、搞活内部动力机制、加强管理与服务的战略出发点。在扩张的过程中，管理不善也是非常严重的问题，华为一直想了解世界大公司是如何管理的，有幸 IBM 给了我们真诚的介绍。回公司又在高层进行了 2 天的传达与研讨，这 100 多页简报激起了新的改革火花。

三、机会是企业扩张的动力

IBM 明确技术领先战略，贝尔实验室更是如此。所有美国高科技公司的宗旨无不如此，没有一个公司提出跟在别人后面，模仿的战略是不会长久的。我们有幸参观了贝尔实验室，中午还与贝尔实验室的曾院士共进了午餐，曾院士是江总书记参观贝尔实验室时接见的 20 个华人之一。我年轻时代就十分崇拜贝尔实验室，仰慕之心超越爱情。后来有幸成了竞争对手（指部分产品领域）。今天有机会亲自访问，十分高兴。

我首先参观了大厅中的贝尔实验室名人成就展。在巴丁的纪念栏下照了相。后来参观实验室时，又恰好看了巴丁原来工作过的房间，我特意怀着崇敬的心情去巴丁 50 年前发明晶体三极管的工作台前站了一会，并说巴丁不仅是贝尔实验室的，也是全人类的巴丁。巴丁发明了晶体三极管，开创了人类的电子新纪元，促进了人类社会极大的发展。刚好上个月江总书记也在那儿站过。他们的科学家十分高兴，送了一个纪念巴丁发明三极管五十周年的纪念品给我，说他也送了一个给江总书记。

贝尔实验室对人类有着伟大贡献，这里产生过 7 位诺贝尔奖获得者。贝尔实验室原来属 AT&T，由国家垄断经营电信业务获得的巨大利润，支持其每年达 20 亿～30 亿美元的研究经费。因此，他们出了非常多的发明，促进了全人类的进步。我年轻时听说他们每天产生 1 项专利，现在是每天产生 4 项专利。贝尔实验室现在归属朗讯，科研与预研明显地已往产品方向转移，但其科研能力在整个世界仍然十分超前。我们参观了他们 1997年的重大突破波分复用，和以波分复用为基础的光路由器，现在可实现几十段波长复用，以后还更多。光交换不是基于空分交换，而是基于波长交换。刻在一个 6 英寸硅片上的光路由器，具有几十万门的交换能力，这意味着十年之内交换与传输将有重大的突破。我开玩笑说，以后一个邮电部部长口袋中揣一个交换机，我就去失业保障局了。

在贝尔实验室，我们首先听取了其资深的技术主管玛丁的报告，我们主要与之讨论预测问题。华为在战略管理与项目管理上一直矛盾重重，理不顺，理又乱。玛丁开玩笑讲了几项著名的预测：

　　"电话作为一种通信工具，有许多缺陷，对此应加认真考虑。这种设备没有价值。"

　　——西欧联盟　1876 年

　　"我认为世界市场上有可能售出 5 台计算机。"

　　——托马斯·沃特森　IBM 主席　1943 年

　　"未来计算机的重量可能不会超过 1.5 吨。"

　　——《大众机械》杂志　1949 年

　　"无论对谁来说，640K 内存都足够了。"

　　——比尔·盖茨　1981 年

　　玛丁介绍了一系列重要的对未来的预测，例如，到 2010 年，0.07 微米芯片会实用化，达到硅可能达到的最高极限。其单芯片容量可达到 40 亿只晶体管。2000 年后光纤单芯容量达 120G，波分复用系统开始实用。2005 年无线接入的环路成本将低于有线接入。当然也许后人也会将此预测纳入笑料。

　　贝尔实验室亚洲人占 11%，其中华人为多数。有许多人都取得了重大的成就。我们访问的所有公司都十分重视研发，而且研发要对行销、技术支援、成本与质量负责任，与我国的研发人员仅注意研发有较大的区别。IBM 每年投入约 60 亿美元的研发经费。各个大公司的研发经费都在销售额的 10% 左右，以此创造机会。我国在这方面比较落后，对机会的认识往往在机会已经出现以后，做出了正确判断，抓住机会，取得了成功，华为就是这样的。而已经走到前面的世界著名公司，它们是靠研发创造出机会，引导消费。它们在短时间席卷了"机会窗"的利润，又投入创造更大的机会，这是它们比我们发展快的根本原因。华为 1998 年的研发经费将超过 8 亿元人民币，并已开始搞战略预研与起步进行基础研究，由于不懂，也造成了内部的混乱，因此，这次访美我们重在学习管理。学习一个小公司向规模化转变，是怎么走出浑沌的。要真正培养一批人，需要数十年理论与基础的探索，至少在心理素质上就关山重重，任重道远。还不知有无人愿意在这如火如荼的时代甘坐十年冷板凳，并且要冒一生心血不成功的"懊悔"。即使成功不为人们理解，除内心痛苦之外，还有可能在大裁员时，把他也像 IBM 把发明光变相法的利文森错裁了一样，后者使 IBM 失去了在高精细芯片加工的技术领先与垄断地位。

科学的入口处，真正是地狱的入口处，进去了的人才真正体会得到。基础研究的痛苦是成功了没人理解，甚至被曲解、被误解。像饿死的凡·高一样，死后画卖到几千万美元一幅。当我看到贝尔实验室的科学家的实验室密如蛛网，"混乱不堪"，不由得对这些勇士肃然起敬。华为不知是否会产生这样的勇士。

寻找机会，抓住机会，是后进者的名言。创造机会，引导消费，是先驱者的座右铭。十年之内通信产业将面临一场革命。这场革命到来时华为在哪里？我在美国与一些资深人士交流，他们有的说计算机网络的进步会取代通信，成为全球最大的网络。通信专家说，通信技术的进步将会使通信网络包容了计算机网络，合二为一。我认为二者都有道理，在下世纪初，也许在 2005 年，真正会产生一次网络革命，这是人类一次巨大的机会。计算技术的日新月异，使人类普及信息技术成为可能。高速的光传输，与先进的交换与处理技术，使通信费用降至数十分之一，网络的覆盖能力增强到人们想象不到的地步，为信息的传播与使用铺平了道路。波分复用和波长交换，使光交换获得成功，现在实验室的单芯可传送 2000G，将来会得到普及，那时候，通信费用会降至数百分之一，那么用户量和业务量的迅猛增长将难以预计。例如，中国出现 6 亿门大网时，会是一种什么局面，你想象过吗？

抓住机会与创造机会是两种不同的价值观，它确定了企业与国家的发展道路。浑沌中充满了希望，希望又从现实走向新的浑沌。人类历史是必然王国走向自由王国发展的历史。在自由王国里又会在更新台阶上处于必然王国。因此，人类永远充满希望，再过 5000 年还会有发明创造，对于有志者来说，永远都有机会。任何时间晚了的悲叹，都是无为者的自我解嘲。

四、忘我献身精神不仅仅是我们才有

我说过贝尔实验室的科学家，他们的忘我奋斗精神是令人佩服的。我以前看过一部诺贝尔科学家领奖的故事片，陈述他们像科学疯子一样，到处"胡说八道"，忙忙碌碌，走到哪儿就画到哪儿，并不考虑衬衣上不能写公式，不能做实验记录。

美国私人风险投资基金的推动，使得一批一批的志士，如痴如狂地去追求成功，那种奋斗不止的精神，并非我们共产党人才有。我们先不说我们是为了社会的公平，他们是追求个人利益。单从奋斗精神来讲，美国也有焦裕禄、孔繁森。

多年来我接触过相当多的美国科技人员，由于一种机制的推动，非常多的人都十分敬业，苦苦地追求着成功，这是一种普遍的现象，而非个例。比尔·盖茨初期没有电视机，而是由他父亲帮他看新闻而后告诉他。有些人不理解，因此也不会理解中国的许多科技工作者在那么低的收入中的忘我奋斗与牺牲精神，理解不了"两弹一星"是怎么做出来的，理解不了袁隆平为什么还那么"农民"。大庆"铁人"王启明不就是这么一个苦苦探索二三十年，研究分层注水、压裂，使大庆油田稳产高产成为世界奇迹的吗？

拼命奋斗是美国科技界普遍的现象，特别是成功者与高层管理者。（美国科技界的成果）是由数百万奋斗者推动技术进步、管理进步、网络的优良服务而取得的。这种例子是很多的。

例如，自视甚高的 IBM 的高手，都会被派到"棒子杰克"的部门去工作。由他来考验他们，这是过关的必经之路。他的严厉使他的真名伯特伦反倒不出名。许多人都对他恨得牙痒痒的。他每天只睡三四个小时，有时会半夜三点起床到他管辖的某个工厂去逛逛，看看有什么问题，任何人的汇报都瞒不了他。他的工作方法曾经妨碍过他的晋升，但长久以后还是为他挣得了神秘的地位。

经过多年不断地"伤人感情"，人们已开始接受他的时候，他生病了，已经来日不多。56 岁的他缠绵在病床上，仍不断地批评工作，说 IBM 发明了工作站，让别人去开创了这个工业，自身却因官僚体系与惰性愚蠢地错失了机会。IBM 非改不可。

伯特伦的上司屈勒到医院去看他，看到伯特伦用人工器官呼吸，可能活不了几天了。使上司大吃一惊的是，伯特伦临死也不忘 IBM 的改革，彼时还推荐赫勒主持工作站的工作。赫勒是 IBM 的离经叛道者，是最野的野雁。

再例，伯兰是 IBM 企业联盟构想的提出者，企业联盟后来成长为几百人的部门。企业联盟就是 IBM 不先派销售人员去客户那儿推销硬件，而是先派一批程序员去与客户沟通，了解客户的需求，按客户的要求在 30～90 天内做一些客户需要的软件。这给客户留下很深的印象，客户在买机器时，一定会先想到 IBM。由于 IBM 不断提供帮助，客户的消费标准已被引导到 IBM 的标准上来了。客户都想找企业联盟，而数十个部门又不归伯兰管，他的位置像没有内阁职位的政务委员一样，但由于 IBM 的组织庞大，经理十分多，工作推进十分困难。他警告 IBM 如果想保持史无前例的成就，最好全面改革。

随后他病倒了。50 岁时，脑袋里长了一个肿瘤。医生开刀后，发现已扩散。他躺在病床上，在病房装了一台终端，每天花好几个小时追踪他计划的进度，发出几十封到几百封电子邮件。临死前，他说了一句"我动弹不得，就像IBM一样"。

如果以狭隘的金钱观来认识资本主义世界的一些奋斗者，就理解不了比尔·盖茨每天还工作十四五个小时的不间歇的努力。不带有成见地去认识竞争对手，认真向他们学习好的东西，才有希望追赶上他们。

我们国家不乏如"两弹元勋"邓稼先那样优秀的艰苦奋斗者，只要我们一代一代的优秀青年继承他们的传统，发扬他们的精神，承先启后，继往开来，中国是有希望的。

五、华为的红旗还能扛多久？

这次出访有幸与原深圳市委书记厉有为同行。共处的十来天，双方交换了许多认识。他在任上时，我们很难有半小时的沟通，这次是淋漓尽致。

市委、市政府这些年来给华为许多道义上的、宏观的、政策上的支持，华为在深圳这块土地上有了不小的发展。但不是人人都了解和理解华为的发展，银行、官员、朋友……都担心华为发展这么快，会不会有一天垮了。当然也有一些是少数竞争对手，在不了解的情况下，做了一些不理解、不正确的分析与误导。

当然，华为也难以不断地以100%的速度增长。这发生在基数小的时候，是可能的。1997年发展速度已经降下来了，以后还会不断地降下去。尽管每年净增的绝对值很大，但相对值在减少，将逐步降到国际高科技企业35%的平均增长水平。

这次我们也考察了一些小公司，它们与华为几乎是同时起步的，年产值已达20亿～30亿美元，美国与华为差不多规模的公司产值都在50亿～60亿美元（甚至）以上，为华为的3～5

倍。华为发展不快的原因有内部原因，也有外部原因。

内部原因是不会管理。华为没有一个人曾经干过大型的高科技公司，从开发到市场，从生产到财务……全都是外行，像未涉世事的学生一边摸索一边前进，磕磕碰碰走过来的。企业高层管理者大量的精力用于员工培训，而非决策研究。

摸索的速度必然较慢。外部看到华为快一些是员工把休息时间全牺牲了，把浪费的钱从生活中又省回来了。但掩盖不了它幼稚的本质。有一次国务委员宋健与我谈话，问我最大的收获是什么，我说"浪费"了非常多的钱用于员工培训。也许下世纪才能看到这些苹果长熟。

外部条件是社会上难以招到既有良好素质，又有国际大型高科技企业管理经验的空降部队。即使能招到，一人、两人也不行，得有一个群体。国内政策与公司实力还养不起一个群体。美国公司如果出了一项产品，登高一呼，很快就会吸引有非洲经验、欧洲经验，或熟悉亚洲文化的精英聚集。只要双方订好协议，国际市场就紧锣密鼓地干开了。华为成立十年了，海外市场走出去三年了，屡战屡败，屡败屡战，现在才开始有一些小的收获。

没大规模的市场营销，就发挥不了软件拷贝的附加值优势。企业就缺少再创新的机会与实力。再者，中国的技术人员重功能开发，轻技术服务，导致维护专家的成长缓慢，严重地制约了人才的均衡成长，外国公司一般十分重视服务。没有良好的服务队伍，就是能销售也不敢大销售，没有好的服务网络就会垮下来。我们与外国大公司负责人交谈时，他们都陈述自己有一个多么大的服务网络。相比之下，华为发展并不快，资源使用上也不充分，还有潜力可以发挥。

华为十分重视企业的内部管理与潜力的增长，企业的发展有十分强大的推动力与牵引力，因此充满扩张的机会，使内部的矛盾在扩张中消化。经历初期的快速扩张，一代优秀的员工得以成长，成为骨干，为公司稳定下来后的正规管理积累了经验与管理力量。他们经历了艰苦的奋斗，具有良好的心理素质，使公司避免沉淀。只要持之以恒地坚持能上能下地按岗位目标责任的标准使用干部，华为的红旗是一定可以持续飘扬下去的。华为的内部凝聚力是抵御外界风暴的盾牌。只要长期坚持剖析自己、寻找自己的不足与弱点，不断地改良，避免重大决策上的独断专行，实行委员会制的高层民主决策，华为的星星之火一定可以燃烧成熊熊大火。

十年之内，通信产业及网络技术一定会有一场革命，这已为华为的高层领导认识，在这场革命到来的时候，华为抓不住牛的缰绳，也要抓住牛的尾巴，只有这样才能成为国际大公司。这场革命已经"山雨欲来风满楼"了。只有在革命中，才会出现新的机遇。

六、中美关系的风风雨雨不影响向美国人民学习

美国政府出于自己的内外政策需要，长期敌视社会主义的中国。它谋求霸权主义，以期保持其对资源的获得及市场的占有，消灭社会主义，推行其价值观，以强加给各国人民。

中美关系时好时坏，是出于美国政府的需要，我国斗而不破的政策也是为保护自己的灵活措施。美国一边使用人权为幌子，拼命攻击中国，用台湾问题、西藏问题等干扰你，使你只有招架之力，一边它就乘机获得贸易的好处。

中国在不断地加强自身的改革，持续十几年的经济增长，有利于国内问题的解决。十五大以后，国企改革的力度加大，只要持续稳定地发展，中国的国际形象就会越来越改善。期望美国完全改变政策是不可能的，但成为强国，就有了说话的地位，

以后更会是强大的社会。先工业化国家通过贸易自由化，使后工业化国家长期处于辅助地位。中国是一个大国，我们要像当年搞"两弹一星"那样，拿出伟大的气魄来，在经济上、科技上站起来。当前，应在教育上加快发展，普遍提高人民的素质，认真学习各国的先进思想，在观念上对自身实现解放。从事高科技的产业更应向美国人民学习，学习他们的创新精神与创新机制，在软件技术革命层出不穷的今天，我们始终拥有追赶的机会。

因此，中美之间的风风雨雨还会不断地出现，但不影响我们向美国人民学习他们的创新机制与创新精神，以促进我们更快地富强起来。

03

华为供应链的现在（上篇）：
全球供应链（GSC）

我们要敢于拥抱这个快速变化的时代，也要敢于去拥抱全球化。这个时代一定是全球化时代，无论将来会产生多少风波，我们都要努力去实现全球化。"都江堰疏导不了太平洋""八百里秦川何曾出过霸王""秦淮河边上产生不了世界领袖"，是逼迫我们这一代人就要成为世界领袖，而不是繁衍几代后才是。世界有很多战略高地，到战略资源聚集地去。

任正非2017年《在市场工作大会上的讲话》

全球化和全球供应链（GSC）

对于"全球供应链（GSC）"这个词，网络上普遍的释义是：全球供应链是指在全球范围内组合供应链，它要求以全球化的视野，将供应链系统延伸至整个世界的范围，根据企业的需要在世界各地选取最有竞争力的合作伙伴。

全球供应链又指一系列分散在全球各地又相互关联的商业活动，包括采购原材料和零部件，加工处理半成品并得到最终产品，实现产品的不断增值，产品在供应商、生产商、零售商和消费者之间的配送，各个商业主体之间的信息交换等活动。

本文所讲的全球供应链是指全球化的供应链。全球供应链侧重于全球范围的业务，适用于那些在国内市场和全球市场都开展业务的公司。

当一家公司从海外购买商品或启动服务时，供应链必须从以往那种静态的、孤立的、侧重内部运作的模式演变为动态的、外部协作驱动的模式。

全球化是一个相对于本地化的概念，全球化涉及的要素比本地化多得多，比如国际贸易规则、不同国家之间的货币交换、银行结算、海关进出口关税申报、特殊贸易许可、国际物流运输、保税或非保税的仓储管理，还有多种科技手段和技术的应用；不同国家人员之间的语言交流、人工费率、劳动法律、政策法规、道德习俗；各个国家不同的资源供应优势、不同的技术水平、不同的经济发展水平；等等——所有这些都会影响到全球供应链的成本、交付周期、质量和柔性等。

全球供应链管理涉及的知识领域庞杂，跨部门、跨学科、跨领域、跨企业甚至跨行业，对专业人才的要求极高，所以当一个企业面临全球化管理的挑战时，有一支专业、敬业的国际化供应链管理团队就显得尤为重要。

企业的业务模式从本地化向全球化转型通常包括：

● 整合：整合资源，确立全球职能，废除任何重复的职能，将资源集中在同一个领导之下；

● 自动化：清除非增值步骤，运用工具和技术简化工作流程；

● 优化：确定每一个流程最好在什么范围内执行——在当地、区域内还是全球范围；

● 提升：调动资源做附加价值更高的工作，以获得效率和效果的进一步提升。

华为的全球化战略

按照华为现任轮值董事长徐直军的说法，全球化有三个层次的定义：第一是走出去，主要是走出国门卖产品；第二是跨国运营，在国外经营自己的分支机构；第三是真正的全球化运营，实现国际化、多元化和本地化，也就是说，在重点发展某特定市场时，需要将该业务的全球资源配置转移到选定的国家和地区，以显著的竞争优势获取市场份额。

从2005年起，华为就明确把全球化作为公司发展的一个重要战略，目标有三个。

第一，做到真正的全球资源整合，即利用全球资源，基于优势来做全球的生意，以实现成本最优、效率最高。举例来说，在研发和供应链领域，华为利用欧美、日本和中国的资源优势，把欧、美、日的人才优势与中国的成本优势结合起来。比如中国人多，人力成本相对低一些，经营体系相对稳定；美国有创新思想，有架构设计能力，能够触及技术前沿的脉搏；欧洲在工程能力上很强；日本在材料和尖端设备上有比较优势。综合起来，就实现了全球资源的整合。

第二，实现本地化。全球化与本地化是结合在一起的。华为对本地化的理解是——本地化的团队能真正面向本地客户、本地市场，单独做经营决策，开展经营活动。

第三，华为希望在所有有业务运营的国家及地区建设良好的商业环境，使得当地人都感觉到，华为实实在在地融入了当地社会，是名副其实的全球化公司。

因此，华为的供应链要向全球供应链转变，即将华为总部的集成供应链模式扩展到全球市场范围内，形成由总部集成供应链和全球供应链伙伴共同构成的一个供应链的大网络。

箭在弦上，不得不发

2004年，华为的集成供应链系统已实现从供应商到客户，从订单处理、采购、生产制造到财务等业务的集成贯通，为业务绩效的持续提升奠定了基础，在国内供应形势紧张和海外市场"井喷"的情况下，集成供应链提供了不小的支持。

2005年，华为经历了两次大的升级。第一次是华为的全球业务获得极大成功，发展势头强劲，海外收入第一次超过国内收入；第二次是华为正式成为英国沃达丰（Vodafone）的电信设备供应商，首度为发达国家的客户提供服务。

全球化的业务和海外客户对华为的供应链管理及服务水平提出了更高的要求。原来的集成供应链逐渐暴露出供货不及时、供应周期长、质量不佳、发货有差错、供应商协同困难，以及市场投诉较多等问题。

具体来说，原集成供应链管理体系存在硬实力和软实力两方面的问题。硬实力方面主要有以下几个问题。

（1）原集成供应链模式单一

原来针对国内客户的网络设备需求而建立的单一的供应链集中管理模式、单一的生产中心、单一的仓库、单一的物流配送体系，已经不能适应海外业务的需求。华为需要选择适合海外订单履行的模式，需要贴近市场和客户，提供最快捷的客户服务，实现充分而敏捷的供应，避免为体积大、重量高、价值低的物料支付昂贵的航空运输费用。华为需要思考如何进行多物流中心配送、多供应中心运作，如何从多个地点按时齐套地向客户交货，如何有效管理全球供应商的直发物料，如何缩短供货周期，如何对全球供应商和合作伙伴进行协同管理等新问题。

（2）IT 系统无法在海外使用

当时的 IT 系统既不能有效支持海外业务，也不能与海外进行联网作业，虽然集成供应链在华为深圳总部运行得很好，但 ERP 系统不能覆盖海外，海外想要了解公司的备货情况，不得不靠个人通过手工表格处理，一遍又一遍地通过邮件、电话询问，不能实现信息即时共享。当时的 IT 系统也没有提供中英文界面，海外员工无法使用。

（3）人员的技能无法满足全球供应链管理的要求

当时华为员工的英文能力远远不能满足国际化的要求，内部交流依赖中文，来往邮件是中文，电话交流更是中文，影响了海外员工与公司的有效协调及合同的准确履行。公司内部的流程文件、管理文件几乎都是中文，没有实现双语化，海外员工根本无法阅读和参考。

团队负责人的全球化意识不足，工作规划还习惯性地依照国内市场特点开展，很多干部对海外业务的需求特点与紧迫程度知之甚少，公司严重缺乏具备全球系统规划能力和有效实施全球供应链建设的将才。

（4）实际海外供应链管理绩效不理想

2004 年，华为海外合同履行的各项绩效数据与国内相比存在着相当大的差距：

- 海外合同的及时齐套发货率比国内低 11%；
- 及时到货率低 17%；
- 合同更改率高 50%；
- 不算运输周期，海外从合同签订到发货的周期比国内长 10 余天；
- 错货率比国内高 3 倍。

当时的供应链管理体系，不论是软实力还是硬实力，都已经无法再支撑华为全球业务的发展。形势迫切且严峻，华为必须对其进行变革，建立全球化的集成供应链管理体系和全球化的客户服务体系，整合全球范围内的优势资源，提升及时交付能力和响应能力，提高供应链管理团队的全球化运营能力。只有这样，才能支撑全球业务的井喷式发展，否则再好的机会也会转变为一场灾难。

华为供应链的全球化之路

为了实现"供应链能够支撑公司海外业务发展"的目标，顺利完成对全球客户的合同履行和交付，华为提出以"简单化、标准化和IT自动化"为原则，以提高海外业务的处理效率和运作效率、满足全球客户的订单要求为任务，以建设一个响应速度快、运作成本低、质量水平高、具有竞争优势的全球化供应链体系为战略目标的全球供应链变革方案。

接下来，我们来看看华为的供应链是如何走上全球化之路的。

解决标准化还是个性化的两难问题

在海外供应链管理的实际工作中，变革团队面临全球供应链到底是标准化还是个性化的两难问题。

由于各个国家和地区存在差异，比如不同的消费习惯、不同的政策法规、不同的经济发展水平，原先在国内市场相对成熟的流程和运作体系，无法简单复制到全球各个特定的市场，针对各市场的策略必须具备灵活性才能适应各区域的特点。

一方面，全球供应链需要利用国内总部的优势资源；另一方面，由于各个国家的市场需求不一样，在产品、销售模式、服务模式等方面均有不同的要求，这样一来，通过全球配置资源、全球一体化的成本优势就被抵消了，产品和服务的成本上升。

所以华为 GSC 变革项目组需要在总部集中管理和本地化管理之间取得平衡。集中管理有规模优势，资源共享，成本较低；本地化管理贴近客户，响应快速，客户满意度高。

由华为总部派出的先遣部队和变革项目组根据本地业务的特点，选择合适的策略，以实现成本、效率、客户服务水平之间的平衡，包括组织结构的设计，全球供应网络的布局，产品模式、销售和服务模式的设计，等等。

GSC 变革项目组认识到，任何管理系统的设计都应以帮助公司实现最终的财务目标为目的，即增加销售收入、降低交易和运作成本、快速响应客户。要实现这一目的，具体的解决方案应该是灵活的、变通的，而不是一成不变的。对于供应链流程的共性部分，需要利用总部平台的规模优势，进行集中化管理；对于个性化需求，则需要定制服务，从总部平台调取资源为各地区部服务。总部扮演好平台支持和服务的角色，地区部则扮演好内部客户的角色，向总部拿资源，贡献市场收益。

有了解决新问题的思路和方法，华为开展了一系列 GSC 变革的行动，从硬件到软件，变革项目组制定了一系列变革方案。

建设全球化的供应能力

在硬实力上，华为开始对全球资源进行整合，建设全球化的供应能力。

第一步，着手解决标准化问题，对 IT 管理系统进行改造，将公司的集成供应链功能扩展到全球。

2005 年，华为启动了海外子公司 ERP 系统实施项目，开始在海外几十个国家的办事处实施 ERP 系统，以提高海外业务的处理效率和运作效率。通过总部专家组的支持，整合地区部、子公司的运作流程，贯彻落实集团会计政策。华为开始在有条件的子公司，如在尼日利亚、埃及、沙特阿拉伯、南非、英国、巴基斯坦等国家的子公司优先试点实施 ERP 系统，支持地区部和子公司的供应链运作及财务管理。

为了确保项目的成功，华为特地从公司总部的财务、采购、流程、IT 等部门抽调出 20 多名精兵强将，采用"细胞分裂式"方法和"蜂群战术"[1]将国内成功实施 ERP 系统的经验扩散到海外。

在项目实施过程中，华为团队遇到的最大挑战就是——不同的国家有不同的税务、财务、商业政策及法规要求，客户需求差异也很大，ERP 系统实施中遇到的困难比预期的要多，于是公司将原来的海外子公司 ERP 系统实施项目升级为公司级变革项目，成立了重量级的跨部门团队，将项目成员扩充到 200 人以上。到 2007 年年底，华为在全球的 80 多家子公司（除了设在巴西和俄罗斯的子公司）已经全部实施 ERP 系统，基本实现了全球业务的标准化和信息化管理，实现了订单管理、财务报表、采购、付款等运作流程的 IT 系统化。

第二步，对全球供应网络进行规划和布局。所谓供应网络规划，是解决从以产品为起点到以市场需求为终点的整个流通渠道中，以什么样的供应网络结构服务客户需求的问题，根据供应网络节点所服务的客户群体、产品类别，决定供应网络节点的类型、数量与位置，以及产品在节点之间的物流方式。

供应网络规划还需要解决空间和时间问题及二者与成本之间的平衡问题。空间问题是指对各类设施如工厂、仓库、零售点的平面地理布局，要在考量设施选址、数量和规模的同时兼顾客户服务水平与成

---

[1] 编者注：蜂群战术，是指蜂群迅速集结与撤离的"一窝蜂式"战术。任正非常常将此战术用在华为的市场一线和项目管理工作上。

本之间的平衡；时间问题是指客户花多少时间获得产品，要寻求客户服务时效与库存、物流运输等之间的平衡。

2005 年以前，华为只在深圳设有一个生产基地，由一个中央仓库集中管理库存，当华为的客户遍布东南亚、非洲、中东、北美、欧洲、拉丁美洲等地区时，有限的生产能力，不健全的物流配送体系，使得华为在为全球客户提供服务时显得力不从心。

为了有效支持公司拓展全球市场，除中国区以外，华为在墨西哥、印度、巴西和匈牙利四国建立了四个供应中心，在迪拜、荷兰等国建立了区域配送中心，既快速响应了市场需求，又降低了物流运作成本，基本完成了全球供应网络的布局。以欧洲地区为例，匈牙利供应中心能够保证欧洲和北非大部分国家的订单需求得到满足，保证两周内及时交货。此外，除中国大陆外，华为还分别在美国、日本、德国和中国台湾地区建立了四个采购中心，以集中认证、分散采购为原则，统一管理全球范围内的元器件供应商。

在各个国家成功实施 ERP 系统以后，华为着手第三步——建立全球化的集成供应链。

首先，要解决海外销量预测的问题。

随着海外市场的井喷式发展，华为产品的海外销量已经超过国内，海外销量预测的必要性越来越大，过去那种以国内销量衡量海外供应量的模式已不再可行，海外预测销量的缺失及不准确会导致全线产品的供应问题：预测的量多了，会造成库存及流动资产的大量浪费；预测的量少了，供应又无法得到保障。

为了有效管理全球的需求和订单，华为开始深入全球市场的前端，推动高级计划和排程系统（APS）在全球范围内的执行，沿袭国内的销售和运营计划（S&OP），要求全球的销售部门、国内的生产部门和采购部门每月举行一次例会，以检视需求和供应之间的差距，并据此调整采购计划、生产计划和交付计划，保证各个部门及时获取和更新信息，并将可承诺的交货信息发布给全球的销售部门和销售人员。

其次，要解决全球化的订单管理和交付的问题。

2005年，华为向海外地区部同步推行国内的合同订单集成配置器，实现前后方数据共享，提升海外合同配置的准确率，提高订单处理的市场响应速度，减少各类错货，并为各类预测、计划及统计提供准确的数据源。

此外，华为投入了大量精力，研究交付的逻辑和算法，研究贸易结算方法，根据每个供应中心的供货能力来平衡各地区的订单。当客户下单到供应链系统后，系统能够自动运行拆分逻辑，将订单拆分到最近、最便捷、成本最优化的地区供应中心进行备货，在确保遵从海关法规的前提下，既缩短了货期，又节省了运输成本。通过这一订单管理和交付方案，华为的全球供应网络有了明显改善，订单履行和产品交付变得更及时有效。

再次，还要解决全球化物流的问题。

以前，华为的业务主要在国内市场，物流由华为自己掌握；而在海外，华为需要将物流服务外包给大量的第三方、第四方物流公司。一方面，华为与全球化的大型物流公司建立战略合作伙伴关系，以保证产品能及时从深圳的工厂运送到全球各地的地区供应中心，再从各个地区供应中心交付到世界的各个角落；另一方面，华为将本地物流外包给一些本地的物流公司，由它们负责从本地海关送货到客户基站或站点，这些本地的物流公司由本地办事处负责认证、考核和管理，物流成本相对较低，服务也能够得到保证。

培养国际化团队的工作能力

在增强全球供应链硬实力的同时，华为也在同步强化供应链的软实力。华为开始加强本地化建设和对国际化团队能力的培养，提升全体员工的全球化工作能力。

一直以来，华为都将国际化、职业化、成熟化作为发展目标，在国际化方面更是提出"市场国际化、技术国际化、资金国际化、人才国际化"的具体要求。

在国际化能力建设中，除了建立地区供应中心、采购中心、物流中心外，华为还加快海外供应链本地化建设的步伐，大量招聘和启用本地员工，加强对本地员工的培训，将本地员工培养为业务骨干，使其了解、熟悉本部的运作，进而加强供应链一体化的沟通与协作。

此外，华为还引进大批具有国际化视野的职业经理人和专业人士，提升供应链员工队伍的素质和能力。对于与海外接洽的业务人员，华为将英语能力作为任职的基本要求，任职人员必须具备英语口语交流和文档阅读的能力；对于干部的选拔，华为也以能否适应国际化为标准，对于不能胜任的，则会下调职务。在这一过程中，华为内部的文档资料和流程系统也逐步实现双语化。

如今，华为在全球170多个国家拥有4万多名外籍员工，初步实现了人才的全球化。

持续的供应链变革和精细化管理

ERP系统的上线和全球供应网络的建立为华为的全球供应链构建了基础。但是，没有任何一种供应链运营模式能够适用于所有业务和全球所有地区。全球化的供应链系统要求根据不同国家及地区特定的法律、法规和客户需求，从细节着眼，制定个性化的管理模式，持续推进精细化管理，对现有系统做出补充。比如：不同的地区有不同的库存要求、不同的交付要求、不同的物流运输条件，华为在全球化发展过程中，应不断激励和驱动一线员工，不断创新和优化全球供应链管理系统。

到 2008 年，华为已打通了全球供应网络，形成了良好的全球供应链。华为的全球供应链俨然成为其核心竞争力的一部分，有效支撑了公司的高速发展。通过全球供应链的持续变革和精细化管理，华为远远甩掉了同时代最有力的竞争对手——中兴通讯，离通信行业领导者的目标更近了一步。

接下来，我们看几个具体案例。

【案例一】

华为巴西代表处通过本地化和全球化的协同实现降本增效

由于巴西特有的市场环境，巴西代表处销售的产品有 40% 是本地制造（组装）的（本地全散件组装可以享受巴西政府制定的税收优惠政策）；有 30% 是本地采购物料，以满足巴西政府针对电信产品的 Anatel 认证要求并降低成本；另外的 30% 由华为中国总部直接供应。

降低采购成本是巴西代表处的重要工作之一，为此，巴西代表处成立了一个项目组，探索降本增效、精耕细作的策略和方法。

我们来看看他们是通过什么方法实现降本增效的。

－"庖丁解牛"法：

对于成本结构，采购团队按照"庖丁解牛"的方法，从产品原材料到单板、机械结构件，甚至每一颗螺钉，进行详细分析，找到成本降低的机会点。采购团队发现，巴西本地制造（组装）的产品从机场港口经保税仓到组装工厂，其间的清关及物流费用一直由某独家供应商承接，对此，采购认证部联合物流部对从港口到工厂的业务流程进行"庖丁解牛"，分析该业务都涉及哪些步骤，每个步骤如果由自己操作，相关成本是多少，据此分析得知供应商的报价并不合理，有理有据地说服供应商降价100多万美元。

– "现场考察"法

采购团队去巴西当地的工程安装站点考察，发现安装完成后，屏蔽线、馈线夹等还有不少剩余，于是采购团队与站点设计部门及订单配置部门组成项目改进团队，基于现场发现的问题，优化采购方案和站点物料的配置逻辑，在满足一次性进站交付的前提下减少配置冗余，帮助代表处减少了几十万美元的浪费。采购团队在现场还发现，电源柜的配置方案可以有所优化，可以从2个电池盒减少为1个电池盒，这一优化又帮助代表处节约了100多万美元。另外，采购团队还发现，某电池供应商应华为的要求在巴西圣保罗市专门设立的电池仓库使用效率不高，于是采购团队与供应商协商，取消圣保罗仓库，改由供应商直供，这样一来又节省了50多万美元。

– "解决方案优化"法

采购团队发现某抱杆供应商的方案比华为设计的更好、更轻、更便宜，于是导入此供应商的方案；为了避免独家供应可能面临的风险，采购团队与站点设计部门一起与本地抱杆供应商共同开发了新的方案，实现多供应商供应，从而节约了50多万美元的成本。

– "本地化"法

由于巴西的物料有中国总部供应和本地采购两种方案，

采购团队通过全面分析总部供应及本地采购的全流程成本（TCO），发现有些部件如滤波器可以由总部供应改为本地采购，线扎可以由本地采购改为总部直供，这一改进帮助代表处节约了 50 多万美元的成本。

对于不具备成本优势的产品，采购团队利用巴西玛瑙斯市的税收优惠政策，导入新的本地工厂进行生产制造，提升产品在巴西市场的竞争力，实现市场份额和销售收入的同步上升，创造更多的利润。此外，巴西代表处通过向供应商总部直接采购，节省了工业产品税，因此又节约了 100 多万美元的成本。

在巴西市场，很多物料需要遵守当地的 Anatel 电信产品认证标准，还要按照巴西 PPB 政策要求实施本地化采购。本地采购物料不能机械地套用华为的全球化统一标准，必须因地制宜，遵循当地标准来构建成本优势。采购团队对物料进行详细分析，把 20 多个品类的物料进行了本地化标准适配，其中有 5 个品类通过遵循当地标准实现了降本。举例来说，采购团队发现有其他型号的屏蔽线，其屏蔽层密度比华为物料的规格低，于是代表处提出是否可以使用这一屏蔽层密度的屏蔽线，华为总部专家通过仿真模拟、产品测试及小批量测试，发现变更屏蔽层后，产品可以满足巴西本地的要求，从而实现了物料更换，成本节省了 100 多万美元。华为总部专家又借鉴巴西经验开发了新型屏蔽线，使该项降本举措惠及全球。

华为早年进入巴西市场时，产品全部从中国深圳总部供应，不具备成本优势，经过多年的摸爬滚打，目前巴西代表处本地制造和本地采购的占比达到了 70% 以上，不仅在成本方面构建了竞争优势，而且由于大量的本地采购，供应柔性也大幅提升，库存周转率（ITO）大幅改善。

华为巴西代表处将全球化和本地化相结合的策略运用得淋

漓尽致，不断从全球化和本地化中受益，不仅降低了产品成本，而且为华为在巴西构筑起了本地供应竞争力和产品竞争力的"护城河"，改善了巴西的营商环境。

【案例二】

华为是如何审核供应商的？

认证和审核供应商是采购团队的重要工作，供应商的资质和供应质量密切影响着产品的质量和技术水准。这里用 5W+1H［即人物（who）、时间（when）、地点（where）、事件（what）、为什么（why）和如何做（how）］的方法来讲解华为对供应商的审核方法。

－ 审核目的（Why）

通常采购团队对供应商的审核要么是为了引进新供应商，要么就是为了促进现有供应商的改善。

－ 审核流程（How）

由于引进供应商和促进改善两个审核目的不一样，所以采取的方法和审核的重点也不相同，但流程基本上是相似的。

第一步是事前准备。在审核之前，审核团队需要向供应商发出审核通知，并出具审核清单，要求供应商在给定的期限内完成自检并打分。

第二步是现场审核。审核团队对供应商进行现场审核，对供应商提交的审核清单做现场检查和确认。

第三步是事后跟踪。审核团队根据审核结果向供应商提出审核中所发现的问题点，并给出改善建议，要求供应商在给定期限内做出改善，然后安排下一次审核。一般审核团队会给供应商两次改善机会。如果两次机会之后，供应商还是不能符合要求，审核团队就会放弃此供应商。

– 审核内容（What）

对于新供应商的考察和审核，通常会按照 TQRDCESS 来打分，即按照技术(technology)、品质(quality)、响应(responsiveness)、交付(delivery)、成本(cost)、环境保护(environment)、信息安全(security)和社会责任(social responsibility) 8 个维度来选择和认证供应商，总分 200 分，160 分以上为优选供应商，140 ～ 159 分为可选供应商，120 ～ 139 分为限选供应商，120 分以下为淘汰供应商。战略供应商将从优选供应商中选出。

如果是现场审核，通常需要检查供应商的"基本面"，如厂房、设施设备、员工、公司治理情况、质量管理体系、环保控制、信息安全、企业社会责任等，还要现场检查供应商的文档管控能力和 IT 系统。具体如下：

● 设施设备：需要考察的项目包括设施设备的使用期、现状、整洁性和布局、生产状态时的产出和效率。

● 设备管理：考察是否有专人管理设备并负责维护和保养，以及在宕机时的应急处理能力，等等。

● 技术能力：考察供应商是否有自己的研发团队和实验室，考察其测试环境、样品出样周期、出样的完成率及成功率。

● 生产流程：考察是否有操作指引，是否有生产或品管人员现场控制和监督，是否有生产工艺流程图、操作规程制度等。

● 员工士气：检查员工的工作状态，情绪是否饱满、精神是否集中、答问是否流畅、是否有岗位培训文件及出勤记录等。

● 生产能力：考察产能是否饱满，是否有产能冗余或扩大余地。

● 质量控制：考察现场的产品优良率，生产中如何进行质量控制，是否有质检报告，企业是否定期地使用统计流程控制工具，企业是否有完整的质量控制体系。

● 采购管理：考察供应商是如何组织采购过程的，采购人员数量是否足够，对客户的回复周期多长，交期承诺是怎样的；目前的供应商有哪些，客户有哪些；物料管理方法、库存控制方法及物流运输方式如何。

● 文档和系统：检查公司获得的各种证书，文件归档及管理体系如何，公司正在使用哪些 IT 系统，输入和输出分别是什么，是否有分析报告。

－审核团队（Who）

审核团队通常会由来自研发、工程、采购、制造、质量、物流、仓管、财务、企业社会责任等职能部门的人员共同组成。企业社会责任团队还会经常性地对供应商进行审核、评估。

审核团队成员需要在审核之前做好充分的准备工作，比如明确审核的要点、考核的标准，可以通过拍照、拍摄视频、提问、考核员工、记录潜在风险、现场打分等方法进行多维度的审核；审核完成以后，审核团队成员还要对文档进行管理，对问题点进行跟踪并再次确认。供应商需要提交各种文件作为参考佐证。

这里附上华为审核供应商的表单，给读者作为参考。

华为对供应商进行审核的表单通常包括：《供应商基本信息调查表》《供应商审核表》《供应商体系考察报告》，以及《供应商评估表》或《新供应商引进评估表》。

《供应商基本信息调查表》的调查项目主要包括：供应商的名称，地址，法人名称，法人联系方式，不同模块业务对接人（质量、销售、技术、运营、物流、采购），业务对接人、团队负责人的联系方式，生产能力简介，可供应产品简介，主要客户及生产所使用的主要设备和产能介绍。熟知供应商管理团队不同部门的决策人很重要，在后续合作中，当不同职能或环节出现问题时，可以直接找到决策人快速解决问题。

《供应商审核表》一般是以公司内部对供应商的评判标准为基础，汇集采购、质量、工程及其他相关部门的考核要点而成。实地考察时，根据实际情况进行评分或者描述，并考核供应商对人、机、料、信息的管理办法。

《供应商体系考察报告》包括：《质量体系考察报告》《环境体系考察报告》《社会责任体系考察报告》《环保体系考察报告》《供应商财务状况报告》《供应商制程考察报告》等。

《供应商评估表》或《新供应商引进评估表》是在现场实地考察结束之后，由参与供应商审核的人员共同填写的对供应商的评估报告，确定供应商是否有资格进入合格供应商的体系，并对供应商是否符合公司各项具体标准给出评估意见。

学习了华为的供应商审核方法后，你是不是需要有所实践呢？

【案例三】

华为是如何运用先进的技术建立和运营自动化仓库管理系统的？

在华为进行全球供应链变革的同时，华为的深圳总部也在同步改善和优化供应链管理，以支持全球供应链的建设和运营。

2009 年，由于华为业务不断扩张，华为制造部从深圳坂田的生产中心搬迁至东莞松山湖南方工厂厂区。为了实现公司的大供应链战略，华为与第三方合作，耗时两年，建立了一套集收货、质检、储存、分拣和发货为一体的自动化仓库管理系统，该系统集成了自动传输系统、物料分拣系统、货架系统、堆垛机系统、输送机系统、业务管理和控制系统、条形码系统、箱输送系统等，几乎使用了当时最先进的技术，直到现在，该自动化仓库管理系统还在运行和服务当中。跟今天美国亚马逊公司的自动化仓库相比，华为也并不逊色。

该自动化仓库实现了物料从入库到出库的全程自动化，比如入库周转箱从月台到拆包装区的自动化搬送、入库托盘与周转箱的自动上架、补货料箱的自动化搬送与分流、拣选货物的自动供给、分拣机的自动化分拣、大件商品在线拣选等，该系统轻松实现了物料从入库到出库、正向物流的全程自动化作业和退返品逆向物流的全程自动化作业，以及空托盘／料箱的自动化收集与供应。华为的这套自动化仓库管理系统，不仅提高了作业流程的效率，其复杂的系统逻辑控制与高度的自动化程度，对高端制造业、智能制造也具有广泛的借鉴意义和深远的影响。

华为的自动化仓库管理系统对原来的仓库管理模式做了优化和改善。该自动化仓库创造了多样化的拣选模式，包括自动仓库堆垛机拣选、水平旋转货架拣选、侧边拣选、货到人（GTP）区域灯光拣选、看板区手持 RF 拣选、提前拣选、高价值紧急拣选等，将复杂的作业模式以智能化方式展现出来。该自动化仓库具备全自动的补货作业能力，包括托盘自动仓库向料箱自动仓库补货，料箱自动仓库向水平旋转货架、侧边区、看板区补货，侧边堆垛机存储位向拣选位补货，等等，极大地缩短了人工搬运的距离。该自动化仓库实现了对电子元器件的特殊管理，包括潮湿敏感度管理、超期管理、包装料号（PSN）管理、VMI发料物权管理、看板管理等。在十多年前项目实施之时，该系统还是具有很强的技术领先性的。

华为的自动化仓库还实现了对有限空间的充分利用。该自动化仓库通过密集存储、水平旋转货架和夹层方案设计，对料箱业务进行提前预处理，有效地利用了仓储空间，提高了空间利用率，保证了入库暂存区的面积。同一层面的自动化仓库内还设置了料箱的二次回库及出库作业，增加了货位，提高了库存能力。

此外，华为的这套仓库管理系统还提供了特殊情况下的防灾预案。该自动化仓库采用一二级库分级管理方案，确保整个供料系统有双重防护，在面对灾难性状况（如停电、地震、遭严重破坏）导致单个站点或功能区发生障碍时，可以通过各功能区并行的库存管理及多站点式拣选，确保供料不中断。

华为松山湖南方工厂的自动化立体仓库涵盖了收货、退返收货、质检、转运、上架、出库、补货、订单管理、批次管理、库存分配、分箱计算、拣货、齐套管理、运输发货等一整套进出存仓库管理流程，直到今天，这套系统仍体现出它的先进性和智能性，极大地提高了华为全球供应链的竞争力。

华为松山湖南方工厂作为华为制造的重要基地，是为华为制造服务的大平台，具有快速响应、快速交付、高质量的强大工程服务能力和低成本等优势，具备高端电子产品智能制造的核心能力。南方工厂协同海外区域供应中心，支撑起华为通信设备和终端设备的生产交付能力，满足了全球客户日益增长的需求，也促进了华为公司整体利益的增长。

【案例四】

美国亚马逊公司和它的智能仓储管理系统

亚马逊同苹果一样，称得上是"供应链管理大师"，作为一家以网上书店起家的电子商务公司，今天的亚马逊已经发展成为世界领先的电子商务巨头。

亚马逊公司是由美国普林斯顿大学毕业生，从华尔街转战科技沙场的杰夫·贝佐斯（Jeff Bezos）于 1995 年创立的，是世界上最早经营电子商务的公司之一。2000 年的互联网泡沫破灭后，几乎所有的同类型公司都破产了，只有亚马逊存活下来，并从一家网络书店向零售、电子产品、图书和影像出版、连锁超市、数据存储服务等领域扩张，成为目前全球最大的电子商务公司。

聚焦于客户是亚马逊的经营哲学，客户至上、勇于创新、卓越运营、长线思维是亚马逊的基本宗旨。

亚马逊知道客户总是喜欢价格便宜、选择多样、交付快速，所以过去二十多年来，亚马逊通过聚焦于客户，以客户为中心，为客户提供更好的服务，并持续不断地进行创新，获得了商业上的巨大成功。

2019 年 7 月 11 日，亚马逊的市值赶超苹果，成为全球市值仅次于微软的第二大公司。创始人贝佐斯也取代微软的比尔·盖茨，成为世界首富。

截至今日，亚马逊向全球 3 亿多用户提供服务，某些商品在某些国家甚至可以在 2 小时内完成交付；亚马逊在全球设有100 多个大规模的仓储物流和订单执行中心，还有 30 多个正在建设和规划中，分布在美国、加拿大、墨西哥、法国、德国、意大利、英国、西班牙、中国、印度和日本等国家和地区。

我们来看看亚马逊的智能仓储和物流管理（FBA）都有什么亮点。

● 亮点1：亚马逊的库存和存货虽然混乱或者随机存放，但可以通过条形码系统精准地找到商品，实现自动收货、拣选和发货。

● 亮点2：亚马逊通过智能仓储管理系统可以实现多订单同时执行，并通过系统设计出最高效的路线，消除人工和时间上的浪费，节省人工成本，提高工作效率。

● 亮点3：亚马逊在全球投入并使用10多万台移动机器人，包括仓储机器人、运输机器人和工业机器人。这些机器人是亚马逊仓库的主要劳动力，帮助亚马逊实现仓库的自动化作业和管理。

● 亮点4：亚马逊开创了无人机运货的先河。

● 亮点5：亚马逊借助出租车进行货物运输和交付，亚马逊的快递员甚至可以将货品送到客户车辆的后备厢内。

亚马逊的智能仓储管理系统运用大数据技术和人工智能技术，实现自动化检索商品、拣选商品、包装商品，实时监控，且数据可视。在机器人的帮助下，亚马逊这一高仓储物流成本（10%～20%）、低利润率（1%～2%）行业的公司，极大地提高了工作效率；7*24小时的机器人工作时间，既降低了对人的依赖，也降低了运营成本。亚马逊的库存管理能力、订单执行能力、订单交付能力及运输配送的准确性，为业界树立了一个标杆和样板。

通过华为和亚马逊的案例，我们可以预测，传统需要大量劳动力的运输和仓库管理工作，尤其是低技能、重复性的工作，在不久的将来会被自动化和机器人完全取代。自动化和机器人在推动经济发展的同时，也抢走了很多人的工作。未来人类可能需要做的是——思考如何控制机器人，让机器人无法替代你。

当下的我们正处于一个颠覆性的时代，一切皆有可能。三百六十行，每行每业都有机会迅速改变世界，改变原有的商业模式和运营体系，许多曾经由人类亲手完成的工作正在交由机器人进行。我们需要抓住一切机会主动寻求变化，用各种可利用的先进技术和智能技术来装备企业的硬件设备和设施，用进取、创新的思维来武装大脑；否则，很有可能，五年以后、十年以后，你就会找不到自己的位置和价值。

中国拥有全世界最大的市场，这为中国的仓储物流业创造了极佳的市场实现机会，对于广大民营企业来说，向业界标杆学习，紧紧跟随它们，不失为一种聪明的竞争策略。

华为全球供应链管理变革的成果和启示

从 2005 年到 2007 年，华为通过三年的努力，初步实现了海外业务管理的信息化，在供应链领域陆续规划并启动了全球供应链（GSC）管理、全球化供应网络（GSN）管理、供应商关系管理（SRM）、供应商电子协同、国家计划统计调转、流通加工能力建设、客户电子交易等项目，对全球供应环境下的业务、组织、流程和信息技术进行了设计和优化。通过持续打造柔性的供应链能力，华为的供应链赢得了快速度、高质量和低成本的竞争优势。

华为推行的全球供应链管理变革，保证了新流程和管理系统的落实，使供应链能力和客户服务水平得到持续改善；华为全球供应网络的布局，全球供应链体系的构建，串联起了华为在全世界各个国家和地区的业务组织，有效支持了华为海外业务的扩张，帮助华为更好地抓住市场机遇，创造了更多的经济效益，也为华为未来的全球化高速发展奠定了良好的基础。

从具体的绩效表现来看，华为全球供应链与变革之前相比取得了明显的改善：

- 及时齐套发货率达到 82%；
- 库存周转率达到 3.67 次 / 年；
- 客户投诉率下降到 0.5%。

十年时间，华为前后投入了 20 多亿元，通过虚心学习和苦练，终于修成正果，将管理标准化，建立起一套与全球体系、西方规则全面接轨的制度与流程。翻越这座"大山"的"梯子"，是 IBM 等西方公司给予华为的。2008 年，在欢送 IBM 顾问的晚宴上，华为一位负责管理变革的副总裁感慨地说："尽管对 IBM 来说，这只是一个商业咨询项目，但对华为而言，却意味着脱胎换骨。"

今天，当我们以历史的眼光来看待华为的发展和变迁时，我认为华为的全球供应链管理变革对国内广大企业来说有以下几点启示。

- 启示一：企业需要紧跟时代潮流，把握数字化供应链变革机遇。

华为早在 2007 年就完成了全球范围内的供应链管理信息化建设和 IT 系统转型，对广大企业起到了良好的示范作用。从那时起，华为就已经华丽变身，成为"中国企业界的黄埔军校"，为国内企业培养和输送了大量管理人才。

对比当下国内企业的现状，数字化之路任重而道远。在数字化经济的转型期，国内企业一定要抓住机遇，否则将会被时代远远地甩在后面。就像大润发在被阿里收购后，其创始人黄明端发出的感慨："我战胜了所有对手，却输给了时代。"

● 启示二：在企业大规模扩张的同时，一定要进行与时俱进的内外部管理变革。

从华为的全球供应链管理变革中我们看到，华为从本地化到国际化、全球化，每一步走得都很稳；随着公司业务的发展，华为不断地调整公司的战略目标。市场井喷式的发展并没有造成其内部管理的混乱和失控，华为内外部紧密配合，团队整体的执行能力令人叹服。这当然离不开背后领导人的战略眼光、危机意识、决策力及人力资源管理，尤其是绩效考核机制，公司能够及时奖励、及时惩罚，有效推动员工完成一个个短期项目。

我们知道，很多企业在规模较小的时候发展较快，管理问题没那么严重或者没有暴露出来，但是一旦规模变大，管理上的种种不规范就会导致企业管理和决策的失控。当年的国美、巨人，都曾因为快速扩张后管理失控而失败，TCL、奇瑞在全球化扩张时也都曾因为全球化管理问题而遭遇失败。只有内外部同步变革，才能保证企业的健康有序成长。通用电气公司前总裁杰克·韦尔奇（Jack Welch）曾说："当一个机构内部的改进低于外部变化的速率时，离公司关门的时候也不远了。"在全球化扩张的同时，华为做到了与时俱进的内外部管理变革，这点值得广大国内民营企业学习和借鉴。

● 启示三：企业在迈向国际化之前，必须先夯实自己内部的管理基础。

华为是通过全球供应链发展所创造的竞争优势跟它的竞争对手——中兴通讯拉开差距的。公司内部管理的小问题一旦放到国际市场，就会立刻放大，因此企业在迈向全球化之前，应先夯实自己内部的管理基础，这是企业制胜的关键。

随着中国长期稳定的开放政策和"一带一路"国家倡议的推动，

越来越多的中国企业出海远征。在出海之前，企业一定要夯实自己内部的管理基础，构建一套适应国内与国际市场业务运作的管理体系及流程，稳扎稳打，才可能获得远征的成功。

● 启示四：善用知识管理，让经验和知识为公司创造价值。

华为将国内的成功模式快速复制到海外市场，将先进的知识和成熟的经验与全球范围内的员工广泛分享，从这个意义上讲，华为也是知识型、学习型组织的典范。

员工主动地分享、提炼、使用知识，让公司的知识资产不断良性循环，发挥最大效用。知识管理不仅可以提升员工的作战能力，还能确保公司业务的效率与质量不断提升。正是通过学习和分享，华为进一步巩固了公司的管理文化、管理思想和管理体系。

● 启示五：发挥和调动一线员工的聪明才智是变革成功的重要条件。

我们在看到华为变革成功的同时，不能忽略华为在面对严峻形势和内外交困的挑战时是如何见招拆招，如何应对问题并解决问题的。我们更要学习华为分析问题、解决问题的能力——"思路"决定出路，用华为人群体的智慧，聪明务实地解决问题。

很多公司喜欢任用不动脑筋、无条件服从的员工，或者企业内部弥漫"一言堂"的文化氛围，无形中压制了员工的创造性和积极性。通过华为的案例，我们看到，"群众的力量才是最强大的"，发挥和调动一线员工的聪明才智是变革成功的重要条件。

● 启示六：企业要勇于向世界一流的企业学习，才能发现自己的不足，促进自己改进。

在今天看来，支撑华为国际化可持续发展的，是华为多年来构建的与世界一流企业接轨的管理体系，以及华为自身长期摸索出来的、充满活力且有华为特色的企业管理机制。正是创业早期与国外通信巨头的竞争与合作，使华为认识到先进的企业内部管理体系在国际化过程中的基础性作用，这也是华为义无反顾地走向国际化的信心来源，值得当下国内中小企业学习和领会。

拓展阅读：

任正非管理思想之"雄赳赳气昂昂，跨过太平洋"

> 导读：2001 年，华为正在向全球市场扩张，任正非给华为的员工打气，鼓励大家去海外"杀敌立功"，为国为家为自己努力奋斗，鼓励大家要有全球化的视野和能力。本文充分体现了任正非的豪迈气概及其作为企业家的责任和胸怀。

雄赳赳 气昂昂 跨过太平洋

——在欢送海外将士出征大会上的讲话

雄赳赳、气昂昂，跨过太平洋……当然还有大西洋和印度洋。是英雄儿女，要挺身而出，奔赴市场最需要的地方。哪怕那儿十分艰苦，工作十分困难，生活寂寞，远离亲人。为了祖国的繁荣昌盛，为了中华民族的振兴，也为了华为的发展与自己的幸福，要努力奋斗。要奋斗总会有牺牲，牺牲青春年华、亲情与温柔……不奋斗就什么都没有，先苦才能后甜。

"青山处处埋忠骨，何必马革裹尸还。"没有我们先辈的这种牺牲，就没有中华民族的今天。为了祖国的明天，为了摆脱一百多年来鸦片战争、八国联军入侵的屈辱，以及长期压在我们心里的阴云，我们要泪洒五洲，汗流欧美亚非拉。你们这一去，也许就是千万里，也许十年、八年，也许你们胸戴红花回家转。但我们不管你是否胸戴红花，我们会永远地想念你们，关心你们，信任你们，即使你们战败归来，我们仍美酒相迎，为你们梳理羽毛，为你们擦干汗和泪……你们为挽救公司，已付出了你们无愧无悔的青春年华，将青春永铸。

华为正面临着一种机会与危机。我们的机会是经历了十年奋斗，培养和造就了一支奋斗的队伍，有组织、有纪律的队伍，一支高素质、高境界和高度团结的队伍，许多年轻的干部正在职业化的进程中，陶冶自己，重塑自己，他们不怕艰苦，勇于献身，努力学习，是我们事业的宝贵财富；我们经历了十年的积累，以客户化的解决方案为先导的产品体系有了较大的进步，有希望搏击世界舞台，在这个舞台上检验自己。只要勇于自我批判，敢于向自己开炮，不掩盖产品及管理上存在的问题，我们就有希望保持业界的先进地位，就有希望向世界提供服务。我们不尽快使这些产品覆盖全球，其实就是投资的浪费，机会的丧失；随着我们的管理逐步国际化，IPD、ISC、财务四统一、IT、任职资格、虚拟利润方法、述职报告制度……的推行，华为内部组织将越来越开放，允许越来越多的优秀人才加入我们的队伍。这些优秀人才，将一同与我们奔向战斗的前方，我们的队伍向太阳。

我们的危机是我们的队伍太年轻，而且又生长在我们顺利发展的时期，抗风险意识与驾驭危机的能力都较弱，经不起打击。但市场的规律，常常不完全可以预测，一个企业总不能永远常胜，华为总会遇风雨，风雨打湿小鸟的羽毛后，（小鸟）还能否飞起？

总是在家门口争取市场，市场一旦饱和，将如何去面对？

我们没有像 Lucent（朗讯）等那样雄厚的基础研究，即使我们的产品暂时先进，也是短暂的；不趁着短暂的领先，尽快抢占一些市场，加大投入来巩固和延长我们的先进，一点点领先的优势都会稍纵即逝。不努力，就会徒伤悲。我们应在该出击时就出击。一切优秀的儿女，都要英勇奋斗，决不屈服，去争取胜利。

我们的游击作风还未褪尽，而国际化的管理风格尚未建立，员工的职业化水平还很低，我们还完全不具备在国际市场上驰骋的能力，我们的帆船一驶出大洋，就发现了问题。我们远不如 Lucent、Motorola（摩托罗拉）、Alcatel（阿尔卡特）、Nokia（诺基亚）、Cisco（思科）、Ericsson（爱立信）……那样有国际工作经验。我们在国外更应向竞争对手学习，把他们作为我们的老师。我们总不能等待没有问题才去进攻，而是要在海外市场的搏击中，熟悉市场，赢得市场，培养和造就干部队伍。我们现在还十分危险，完全不具备这种能力。若三至五年之内建立不起国际化的队伍，那么中国市场一旦饱和，我们只能坐以待毙。今后，我们各部门选拔干部时，都将以适应国际化为标准，对那些不适应国际化的，要逐步下调职务。

我们正处在危机中，还有一项例证。就是处于危机并不认识危机，前方浴血奋战，后方歌舞升平。机关不能以服务为宗旨，而是前方的阻力，使流程执行困难重重。当我们今天欢送将士奔赴前方时，我们要使后方全力为前方服务，不能实现这种服务的员工要下岗。

号角在响，战鼓在擂。前方没有鲜花，没有清泉……一切困难正等着我们去克服。

随着中国即将加入 WTO，中国经济融入全球化的进程将加快，我们不仅允许外国投资者进入中国，中国企业也要走向世界，肩负起民族振兴的希望。

在这样的时代，一个企业需要有全球性的战略眼光才能发愤图强；一个民族需要汲取全球性的精髓才能繁荣昌盛；一个公司需要建立全球性的商业生态系统才能生生不息；一个员工需要具备四海为家的胸怀和本领才能收获出类拔萃的职业生涯。

所以，我们要选择在这样一个世纪交换的历史时刻，主动地迈出我们融合到世界主流的一步。这，无疑是义无反顾的一步，但是难道它不正承载着我们那要实现顾客梦想，成为世界一流设备供应商的使命和责任吗？难道它不正是对于我们的企业、我们的民族、我们的国家，乃至我们个人，都将被证明是十分正确和富有意义的一步吗？

是的，我们正在创造历史，与文明同步！

你们背负着公司生死存亡的重任，希望寄托在你们身上。

04

**华为供应链的现在（下篇）：
终端供应链（CISC）**

（华为）终端应该把通信功能做到全世界最好。因为我们最明白从系统到终端的连接，而苹果公司没有系统设备，爱立信没有终端。现在绝大多数人通过通信功能上网，要求带宽宽、上网快，游戏功能并非要固化在手机上。终端还要更加开放，我们面对的客户是多姿多彩的，我们应有理解他们的能力。当然，平台还是"理工男"优势的机会点，深入钻研进去，少平台化，越做越好，越做越精，平台为应用层的人增强支持。

任正非2017年6月《方向要大致正确，组织要充满活力——在公司战略务虚会上的讲话》

华为终端的曲折发展史

在讲华为的终端供应链之前，我们有必要对华为 TO B 和 TO C 这两种业务模式做一个了解。

华为 TO B 业务的特点：

- 客户为全球的电信运营商，面向企业用户；
- 订单多数是项目形式，时间跨度长；
- 订单金额大、交付周期长；
- 产品和服务复杂，需要工程安装，涉及本地化二次包装、二次服务的问题。

华为 TO C 业务的特点：

● 客户为全球的消费者，面向个人用户，消费者众多，个性化需求也多，客户体验要求高；

● 产品和技术更迭速度快；

● 产品有品牌效应，需借助社交媒体促进销售；

● 消费者喜新厌旧，对产品的颜值和功能的要求都很高；

● 需形成产品生态，竞争对手和合作伙伴众多；

● 对供应链的快速响应、准时交付和供应柔性要求极高。

大家可能有所不知，华为终端的发展并非一帆风顺，中间经历过曲折的历程。早在 2003 年，华为就已经开启终端业务了，从"村村通"固定台起家；随后几年，华为又做了 3G 数据卡（上网流量卡），还将市场份额做到全球第一；2012 年之前，华为做的手机都是运营商 ODM 定制贴牌（又称白牌）的手机，没有华为品牌 logo，只是受运营商委托设计加工，手机业务也一直不怎么赚钱；2008 年，华为还差一点将终端公司卖了，最后因价格问题没谈妥，未能卖出。

到了 2011 年 10 月，峰回路转，华为公司高管、专家在海南三亚开了 3 天的终端战略研讨会，终于决定将终端业务作为华为公司除运营商、企业网之外的第三大战略发展方向。总裁任正非正式签发三亚会议决议，明确"华为终端产业竞争力的起点和终点，都是源自最终消费者"。从 2012 年起，由余承东挂帅担任华为终端 CEO，华为终端业务正式从 ODM 转为华为自有品牌，华为手机从低端定制机走向中高端智能手机，从运营商转售市场迈向公开市场。

时过境迁，2006 年靠数据卡"撑两年，撑到手机盈利"的小目标早已是过眼云烟。十多年过去了，今天的华为终端已经如日中天，2018 年终端的销售收入就已超过原来最大的运营商业务，成为三驾马车中最有分量的一驾，稳坐中国市场份额第一、全球市场份额第三的位置，给苹果和三星造成了极大的威胁。

问题丛生，痛苦转型

由于业务形态的不同，华为原来面向运营商的 TO B 供应链模式并不适合面向消费者的 TO C 模式，TO C 消费电子业务的供应链通常有这样一些特点：

● 供应链必须跟随技术的变化，快速响应、快速协同、快速交付、快速投放市场、快速上市、快速爬坡、快速变现；

● 全球化的供应商合作伙伴众多，管理幅度和广度都非常大，很多供应商是世界级技术垄断型企业，建立和维护供应商关系也是一大难题；

● 全球供应链必须有前瞻性的战略布局和规划；

● 终端产品的库存是魔鬼，必须将库存控制在最小；

● 供应链数据必须可视、共享、简单、灵活，才能满足以上要求。

华为的终端供应链在启动变革之前，存在以下问题。

首先是芯片的自我供给问题。

"缺芯少屏"一直是中国电子制造业的软肋，也常被人诟病——中国长期以来处于产业链的最底端，凭借廉价劳动力获得客户订单，赚取组装加工费。

在手机行业，除了苹果、三星有自主研发芯片的能力，面对"高风险、高投入、高产出"的现状，大多数手机厂商无心也无力自主研发，几乎都是从高通订货，而华为一直坚持自主研发芯片。2012 年荣耀上市，华为第一次使用自己开发的海思麒麟芯片 K3V2，但是由于海思 K3V2 采用的是比较落后的 40nm 制程，发热严重，加载缓慢，用户体验极差，上市后受到的批评声不绝于耳，任正非甚至当着众高管的面把装有这款芯片的手机砸向余承东。

其次，除了一直被芯片问题困扰以外，华为当时还面临一方面供应跟不上产品上市的需求，另一方面库存一大堆的问题。

华为品牌刚开始的几年中，华为供应链常常陷入上市时缺货，紧急提拉需求后供应跟不上来，物料齐套后又不得不清理库存的恶性循环。

产品无法实现全球同步上市，经常在国内上市三四个月后海外才上市，错失了上市销售快速变现的良机。备货节奏常常控制不好，计划不准，前期销售火爆但备货不足；等到按计划准备的物料到货后，产品又已经卖不动了，不得不清库存。

2013 年 Mate 1 上市时销量并不多，但多出的物料库存吃掉了所有的利润。到 2014 年 Mate 7 上市时，由于预估不足，上市一周产品就售罄，被人取笑为"饥饿营销"；内部人都知道，这实际上是产品供应不足。

再次，关键元器件供应也时常短缺。

直到 2017 年，华为还发生了 P10"闪存门"事件。由于 NAND Flash 闪存器的供应严重不足，华为不得不混用不同厂家的闪存器，结果导致消费者在测试时发现不同的数据读取速度，认为华为在欺骗消费者。

当时市面上的 NAND Flash 闪存器只有三星、海力士、美光和东芝在供。三星是华为的竞争对手，对华为是有限制地供应，而苹果早就预付定金，买断了大部分产能，所以市场供应紧张、严重缺货，华为无货可买，只好混用。

闪存器的供应问题一直都未能解决。没有一家中国公司能够担负起国家战略和核心元器件供应安全的重任，且能在性价比上完全替代美、日、韩的厂商。

2019 年中美贸易战中美国商务部对华为元器件的"卡脖子"事件，反而成为中国关键元器件迅速成长的机会，倒逼中国国内企业迅速成长，迅速提升技术水平、质量水平及大规模生产制造的能力，以支撑华为产品的需求及中国高端制造的未来。

最后，还有持续不断的质量投诉问题。

2013 年华为 P6 刚上市时，经常被爆不经摔，存在边框开裂、后盖脱落等质量问题。手机屏、手机壳、电池、按键的质量问题，以及软件使用漏洞和卡机情况，都是被客户投诉的常见问题。2014 年华为商城统计的数据显示，华为手机的返修率高达 3% 以上，严重影响了华为手机的美誉度和客户黏性。

供应链是消费电子业务中的关键一环，产品规划和开发再成功，如果发不出货，好比是足球运动员的临门一脚无法踢进，所有传球的努力都将是"竹篮子打水一场空"。做出一款新产品，但产品周转慢，库存一大堆，那么产品即使大卖，也可能不赚钱；若产品质量差，无法保证品牌的长期运营和客户的重复购买，则会使公司发展陷入死循环。

供应链的问题不解决，企业是不可能成功的。

因此，针对终端业务"快速""极致体验""供应链协同"等要求，从 2012 年起，华为终端公司就提出构建敏捷、智能的数字化供应链，给消费者提供极致的体验，实现持续的有效的增长，并对终端供应链变革提出了具体要求。

● 能够应对新市场的全球化供应链：布局全球网络，建立全球化的销售供应链，以销定产、以销定存，提供细分的差异化供应。

- 提供极致的体验：包括供应商体验，如供应商早期介入、联合技术创新；消费者购买体验，如向消费者提供多品类、多渠道、全场景的服务，产品首销上市具备千万级交付能力；消费者服务体验，如为消费者提供修得快、换得快的极致服务。

- 差异化：满足消费者差异化的购买需求，提供线上线下、随时随地、极致的速度体验；支持新零售敏捷交付及极简交易；满足不同消费者的产品个性化和交付个性化需求。

- 加强对产业链的掌控：对于战略竞争器件，提前投资布局，掌控核心价值；对于行业紧缺部件，进行排他性战略供应商合作，联合研发、共同创新；对于通用部件，与供应商、EMS 工厂深度协同。

- 打造精益化和数字化的全球运营体系：包括打造一流的数字化供应链组织和人才；建立针对持续供应风险、存货风险、质量风险的预警和管控体系。

虚心求教，再造终端供应链

众所周知，华为是一家行动力和执行力都很强的公司。只要有了清晰的方向，有了变革的目标和具体要求，华为就一定能将目标付诸实践。接下来，我们看一看，对于终端供应链，华为是怎么做的。

虚心地求师学艺

在手机界有两个大师级的存在，一个是三星，一个是苹果。我们来看一看它们的供应链分别有什么特点。

三星供应链的特点：三星拥有向产业链上游延展的垂直一体化的产业链，有自己的半导体芯片、内存、显示屏和电池等关键零部件，还有自己的组装工厂，即有自己的成本优势和制造优势。

2016 年 9 月，在三星 Galaxy Note 7 手机发布一个多月后，全球范围内陆续发生 30 多起电池缺陷造成的爆炸和起火事故。对华为而言，这是一个绝佳的市场进攻机会，简直就是"天赐良机"，同时也给了华为一次重要的提醒，那就是必须保证质量第一，否则就是自掘坟墓、玩火自焚。

苹果供应链的特点：苹果占据供应链管理的泰斗地位已十多年，凭借产品的独特性、强大的供应链管理能力和苹果的独特生态，赚取了手机行业最多的利润。凭借少数几款产品的天量需求，苹果对供应商有充分的议价权。苹果将生产制造等非核心业务外包出去，建立起一个全球化的供应链网络体系，并对整个产业链拥有强大的掌控力。现在，苹果的供应链已经演化成一个由芯片、操作系统、软件商店、零部件供应厂商、组装厂、零售体系、App 开发者组成的高度成熟和精密的强大"生态系统"，在极简主义的前提下做到了供应链成员之间的高效融合。

那么华为终端的供应链有什么特点呢？

华为在通信技术和创新再生方面有三十年的经验积累，有自己研发的核心芯片，有自己的制造工厂，有自己构建的生态应用平台，还有多年来在全世界 170 多个国家和地区构建的销售服务网络，以及在手机产业链上有众多中国民营制造企业作后盾。自研芯片有助于发挥研发优势，掌握技术发展方向，降低采购成本；自制工厂有助于控制部分产能，灵活应变；自有生态平台可以吸引一大批"花粉"；而"中国制造"的产业链企业集群在关键时刻总是能体现出强大的凝聚力，无条件提供支持。

但是，由于华为产品线众多，每年上海、北京、西安的研究所开发出几十款手机，不同的手机需要不同的物料及元器件配置，还需要对接不同的组装厂，供应链管理复杂，华为缺乏与供应商议价的绝对话语权。

华为终端人深知，唯有不断地学习，才能让自己快速进步和成长。由于华为终端的很多业务骨干都是从原来的运营商供应链部门转过来的，思维和工作习惯还停留在 To B 模式。原终端 CEO 余承东先后从富士康、诺基亚、三星和苹果挖来高管，帮助华为构建终端供应链管理体系。终端公司的战略 marketing（即战略营销与规划部）搜集业界同行和竞争对手的所有资料，将它们的战略、战术、打法、玩法研究通透。从中兴、联想，到小米、OPPO、vivo，从西门子、摩托罗拉、诺基亚，到三星和苹果，从中国到外国，华为几乎将这些业界标杆研究了个遍，也学了个遍，通过吸取成功经验，博采众家之长，再结合自己的独特优势，凭借高、中、低的产品组合和差异化战略，持续改进产品质量，大手笔投入品牌推广和市场运作，在竞争中不断向前缩小与苹果、三星的差距，向后拉开与小米、OPPO、vivo 的差距，走出了一条有自己特色的供应链管理之路。

改革终端供应链组织的顶层设计

原先的终端供应链组织是从华为集团总部独立出来的，为了支撑终端业务，终端供应链开始独立运作，成立了一个叫作"集成交付管理部"的部门，负责终端产品供应体系的战略制定，终端产品的供应、采购、质量、成本，流程与 IT，隐私保护与网络安全，变革管理，等等。在此部门下，有集成计划部、采购认证部、订单履行部、物流部，以及全球海外地区供应中心等。其中，华为终端的采购认证部受华为集团总部的首席采购官和集成交付管理部双重领导。

终端的制造部隶属于华为的大制造部，不在集成交付部门的管理范畴。华为自制工厂承担一部分生产任务，但大部分制造是由终端的EMS外包工厂完成。EMS外包工厂由华为的制造部和采购认证部共同管理。

独立的供应链组织、独立的决策和管理，使终端供应链更快速和灵活，更符合终端业务的特点。

对原供应链流程进行变革

流程变革之一是供应链的可视化。终端部门启动IT变革项目，实现信息在供应链各相关部门间的共享，实现市场需求、供应能力、存货与运输的可视化，从"预防、被动响应"的模式转变为"先知先觉、实时供应"的主动模式。通过需求信息和供应信息的集成，使整个供应链透明化，便于计划、采购、订单履行、生产制造、交付、物流同步协同，以更加快速地做出响应。

流程变革之二是简化业务流程。原终端组织参照的是泛网供应链组织，流程比较复杂，交付周期长，在终端业务的实际运作中弊端重重。变革中对原有的流程做出分析和整合，化繁为简，省去多余的环节，以提高供应链的运作效率，加快供应和交付的速度。

严格管控库存

对于消费电子行业来说，库存是魔鬼，库存会吃掉一切利润。华为终端公司将库存检视作为日常工作内容之一，公司财务部每个月都会对库存做审计，提醒采购、生产、仓库、物流、地区供应中心等相关组织做好防范或调整措施。

改善和加强供应商管理

2015 年华为发布了《关于与供应商合理分享利益的决议》，在供应商管理方面做了较大改善，不再像过去那样只看重成本和价钱，而是与关键供应商形成战略伙伴关系；对不同级别的供应商采取不同的管理方式，进一步扩大利益分享。对战略性元器件的供应商提前布局，并安排研发、计划、采购、制造、质量人员驻场管理；与 EMS 外包工厂密切交流，加强信息的共享和联动，派驻大批人员进行现场管理；与供应商高层建立起定期访问的机制。

通过不断的摸索和变革，功夫不负有心人，华为一路高歌猛进，成为世界第二大智能手机厂商，超过苹果，直逼三星。2016 年余承东"三年干掉苹果、五年超越三星"的"狂言"如今已成为现实。

华为终端供应链面面观

接下来，我们分别从采购管理、供应商管理、产品研发管理、外包管理、生产制造管理、风险管理、采购战略等七个方面来解读华为的终端供应链管理体系。

采购管理

（1）任正非对采购工作及采购人员的期望和要求

2017 年 8 月 24 日，华为总裁任正非与华为的采购干部召开座谈会，提出了对采购工作及采购人员的期望和要求。他要求：采购人员要有战略纵深，理解行业趋势，掌握采购方向，不要仅仅盯着供应商谈判等细节，而是要走向科学性采购，提高采购的计划性，持续加强风险管理，对关键物料采取备份方案，任何情况下都要保障供应安全，并与世界最优秀的供应商建立战略合作伙伴关系。

同时，任正非希望采购人员苦练内功，深入现场了解业务，踏踏实实提升专业技能；开阔视野，不断提升战略洞察能力。他强调软性采购是基于信任，不完全基于流程，采购人员要放下精神包袱，放下压力，克服心理障碍，将精力聚焦在技能提升上，把业务的运作方式和能力想明白，推进软性采购的进步。

（2）华为的采购组织

华为的采购部由多个物料专家团（CEG）组成，各物料专家团负责采购某一类物料，通过制定不同物料的采购策略，如IC芯片、元器件、PCB连接器、显示屏、摄像头、电池、电声器件、天线等，物料专家团对各种物料供应商或服务供应商进行采购认证和选择，对供应商进行日常管理及绩效评估。

各物料专家团需要从技术、价格、质量、交货周期、响应速度及创新等方面，充分了解供应商的能力和特点，掌握其竞争优势；同时不断保护和争取华为的利益，推动华为采购业务的持续改进和有效实施。

（3）华为采购管理的核心价值观

早年通过ISC变革，华为确定采购的核心理念为"阳光采购和价值采购"。

所谓的"阳光采购和价值采购"是指：要以公平、公正、公开的方式选择供应商；采购对供应商的认证与选择必须集体决策，不允许动用个人的影响力或者以个人私利为目的，使待选供应商得到"特殊待遇"；选择供应商时，必须充分引入竞争，确保能为公司带来最大利益；要和主流供应商合作，通过双方的优势组合，给公司创造新的价值；杜绝腐败，做到诚信、廉洁和自律。

（4）华为的采购决策

华为的采购决策是由华为终端的采购委员会集体确定的，采购委员会会授权各物料专家团主任或地区采购代表，领导采购评审组对所管理的物料进行评审决策。评审组成员通常由采购、交付、质量、财务等多部门的成员组成，对采购问题进行集体讨论并集体表决；会议结束后，所有参会的人必须签名确认会议结果，避免个人决策引发的职权滥用。

（5）华为的采购策略和管理手段

第一，华为的采购策略必须与业务策略相匹配，实现采购的综合竞争优势；集结行业主流供应商，排除低质供应商，与关键供应商建立互信共赢的长期合作关系。

第二，采购不仅要关注采购交易价格，还要关注全流程成本（TCO）的降低，实现价值采购；与研发体系、市场体系形成紧密协同，构建公司的全价值链体系。

第三，对供应商实行分层分级管理，对不同层级供应商采取不同的采购合作策略。

第四，任何采购，原则上不指定二级供应商，杜绝"关联供应商"。

第五，采购员工必须严格遵守《华为员工商业行为准则》（BCG），任何以身试法者，将面临法律的审判，并追回从违反 BCG 之日起的内部股票收益，包括分红和增值。在对采购员工的入职培训中，有一项内容是学习华为员工 BCG 的违规案例并参观深圳龙岗看守所，探访原华为违法犯罪的员工，以警示新人：不要抱有侥幸心理，在华为"违法必究，一究到底"。领导干部必须进行自律宣誓，承诺个人收入只能来源于工资薪酬和分红，否则将接受严肃查办。

（6）华为对特殊场景采购业务的管控方法

面对终端市场需求急、上市快、战略元器件供应紧张的特点，华为终端采购一直在实践"兵马未动，粮草先行"的方法，如启动战略储备计划，为一些重要产品和潜在需求高峰提前备料；再如提前半年或一年给供应商下关键器件的采购订单，以一定的存货成本来应付需求波峰的到来；又如提前预付款，锁定要采购的物料产能。

为避免库存积压的风险，财务部门每个月定期检视库存，通知采购、计划、仓库等相关部门及时处理；采购部门还与计划部门合作，每周对需求供应计划和库存进行检视，及时调整计划并通知供应商，与供应商快速协同，避免产量过剩。

过去几年来，华为手机的发货量年年飙升。2017 年，华为手机出货 1.53 亿部；2018 年，华为手机出货高达 2.1 亿部，相当于平均每天交付 57 万部手机，采购部功不可没。面对一次次需求高峰的挑战，华为终端采购一次次经受住了考验，成功完成交付任务，保证了华为产品的快速上市。

供应商管理

对于供应商的选择，华为会使用不同的方法，有时候是招标，有时候是通过价格比较，有时候会与供应商谈判，有时候会由客户指定，有时候会在标前绑定供应商，有时候是直接确定联合开发产品或项目的供应商，等等。

接下来着重讲一讲华为的招标、价格比较和谈判这三种方法。

（1）招标法

招标法通常是选择物料或服务供应商常用的方法，它要求至少有两家或两家以上具有同等竞争力的供应商参与竞标，评审小组综合考量供应商的技术、品质、响应度、准时交付率、成本、环境保护、信息安全、社会责任这八大要素，八大要素的权重之和为100%，评审小组根据评价加总的得分来选择供应商。

招标评审小组的人数一般不少于3人，组长由相应的物料专家团主任、模块经理或指定的专家团采购担任。如果涉及技术标的应答，供应商还需独立上传技术标和商务标的答标文件，截标后必须先开技术标，再开商务标。

招标时，原则上要有供应商的绩效表现结果。对于有报价的采购项目，商务权重不能少于70%。如果是潜在供应商参与招标，立项方案需特别说明资质，分析风险并有相应策略。

招标人员在处理招标问题时需要遵循三个原则：一是华为整体有利原则，二是集体决策原则，三是招标组需及时记录开标过程中的异常情况，及时向立项决策小组汇报，由立项决策小组对异常情况进行决策。

（2）价格比较法

对于某些市场上充分竞争、产品差异小或成本构成清晰、易于寻求目标价的产品或服务，通常会用价格比较的方法来选择供应商。

采购会将供应商的报价与系统中的目标价或目标成本进行比较，或者在充分竞争的条件下对不同供应商的报价进行比较，最终选择报价最低的一家或多家供应商的产品或服务。通常会要求至少2家供应商参与竞价。

供应商选择小组的成员同样不能少于3人，对于采购金额在30万美元以上的项目，必须以购买产品和服务的目标价或目标成本作为衡量价格合理性的依据。

（3）谈判法

谈判也是选择物料或服务供应商的一种方法，供应商数量可多可少。

对于 30 万美元以上的项目，必须申报立项并成立谈判小组，小组成员不少于 3 人。谈判时必须 2 人以上在场，不允许个人单点谈判。项目如果未达成目标成本，必须向上"升级"，由上一层的采购负责人参与谈判和决策。

在实际采购和供应商选择工作中，专家团通常会灵活使用不同的方法，或者多种方法并用，比如通常会同时使用招标、价格比较和谈判法，来选择最合适的供应商伙伴。

对于不管以哪种方法选出的供应商，选择小组都会对供应商进行评价和排名。小组会根据供应商的分值结果来分配供应商在标的中的配额比例，通常会选择 2 ～ 3 家供应商对标的进行额度分配。

选好了供应商之后，还需要对供应商进行管理。

华为将供应商分为：战略（strategic）、优选（proffered）、合格（approved）、限选（Conditional）四个层级。前文中提过，华为在选择供应商时，会对供应商打分，通常设总分为 200 分，160 分以上为优选供应商，140 ～ 159 分为合格供应商，120 ～ 139 分为限选供应商，120 分以下为淘汰供应商。战略供应商一般从优选供应商中选出。

（1）战略供应商

战略供应商一般是评价得分高的行业领先供应商。此类供应商在商务、质量、技术、交付等方面的表现优秀，合作金额大，对产品的竞争力影响大。战略供应商拥有华为需要的独特技术或创新能力，华为对其依赖大，因此采购风险也大。评价定位为战略供应商，除了衡量供应商的能力，还要考察供应商的合作意愿，即供应商对华为的响应速度、服务水平如何，能否遵守承诺、能否按照华为的要求进行配合和项目执行。对战略供应商，华为采取的策略是提升组织关系、长期合作、签署最惠协议、深度协同、联合开发甚至进行排他性合作。

（2）优选供应商

优选供应商在商务、质量、技术、交付等各方面的表现较好，与华为合作金额大，行业竞争较为充分。采购在制定物料采购策略时，如在考虑份额、谈判优先权时，可以考虑优先与优选供应商合作。华为与优选供应商的合作关系对华为的发展很重要，华为会考虑建立长期互信合作，以发展长期稳定的合作关系为目标；改善交付的效率和柔性；优化供应商资源池，促进竞争，降低全流程成本（TCO）；建立各层级的定期沟通和交流渠道；拓展双方在其他领域的合作；等等。

（3）合格供应商

合格供应商评估得分低于优选供应商，但能够满足华为的基本要求。此类供应商可作为优选供应商的"备份"。合格供应商未来对华为的重要程度取决于供应商自己的努力和实际绩效。对于合格供应商，华为采取的策略主要是帮助供应商提升能力、共同成长。

（4）限选供应商

限选供应商一般是评估得分较低，与华为合作金额小的供应商。华为可能因某种原因不得不选择此供应商，比如客户指定、独家授权、资源限制等。一旦此种原因不存在，限选供应商即可能面临淘汰。对于这样的供应商，华为一般会将其作为短期供应商进行合作，在合作期间，确保风险可控；任何新的合作项目必须得到更高采购决策层的审核和批准。对于将要淘汰的供应商，必须有淘汰计划，对风险进行分析，逐渐转移供应计划，确保产品的连续供应。

另外，为防止腐败行为，华为对新引入的供应商亦严格遵循"阳光采购和价值采购"的原则，公平、公正、公开地选择供应商，确保评审过程透明，便于监督。此外，在引入新供应商之前，华为会对新供应商做《关联供应商信息询问表》《供应商股权结构调查问卷》《供应商产品及服务安全调查问卷》；在评审通过以后，还需要供应商提交《诚信廉洁承诺书》和《诚信廉洁协议》，以防患于未然。对于违反《诚信廉洁协议》的供应商，将按照协议约定严格处理，甚至取消供应商与华为的合作资格，将其交与相应的司法机关。

除了以上对供应商进行分级分类和诚信管理外，华为对供应商还进行每月、每季和每年的 KPI 绩效考核，将管理和跟踪列入日常工作当中。

正因为如此，华为产品的质量越来越好，华为与供应商的合作关系越来越紧密，华为在供应商端的口碑和声誉也越来越好，赢得了广大供应商伙伴的尊重和信任，使其为与华为合作而感到骄傲和自豪。

产品研发管理

新产品导入简称 NPI，是英文 new product introduction 的缩写。NPI 一般由制造、研发、工程及采购部门的人员组成团队，主导产品从试制到量产阶段的验证。NPI 是保证产品高质量顺利交付的重要环节。

华为松山湖自制工厂通常会承担一部分新产品的试制工作，EMS 外包工厂也会配合华为完成部分 NPI 的试制。华为终端产品的 NPI 试制期短则两三个月，长则大半年。

按照华为产品研发 IPD TRx（technical review）流程 [①] 的要求，产品

---

① IPD TRx 是指 IPD 流程中定义的 TR1、TR2、TR3、TR4、TR4A、TR5、TR6 等 7 个技术评审点。用于检查 IPD 实施到一定阶段以后产品的技术成熟度，发现遗留的技术问题，评估存在的技术风险，给出技术上的操作建议。

从试制（TR4A）到验证（TR5）再到产品发布（TR6）[①]有很多流程和控制点，每一步都要严格按照流程计划来执行，NPI 团队工程师会蹲点驻厂，全面把控技术、工艺、流程和质量，指导工人进行试制，验证产品的设计、功能、生产工艺和生产流程，发现并搜集生产问题、测试问题、设备问题、模具问题、物料问题或者产品本身设计缺陷导致的功能问题、质量问题等，不断改善，与供应商沟通讨论解决方案，直到产品的直通率达到 80% 以上，才能进入量产阶段。

产品试制出来，需要做大量的可靠性测试，比如高温高压测试、跌落测试、拉伸或扭力测试、盐雾测试、安规测试、电磁兼容测试、老化测试、气压测试、温湿度测试、粉尘测试等几十项测试，任何产品只有通过可靠性测试才能上市。

在技术研发和产品测试上，华为在全球做了大量布局，网罗全世界的科技专家和优秀人才。目前除中国地区外，华为在海外 16 个城市建立了研发机构，全球共有 26 个研发能力中心，如在俄罗斯做数学算法研究，在法国做美学研究，在日本研究材料应用，在德国研究工程制造，在美国研究软件架构……2012 年，华为在诺基亚的祖国芬兰建立了研究中心，并建有两个重磅级的实验室：一个是赫尔辛基 RCC（可靠性能力中心）实验室，另一个是坦佩雷音频实验室。

赫尔辛基的 RCC 实验室专注于研究手机和部件的可靠性测试，为华为终端的可靠性设计体系和可靠性能力提供技术支持；坦佩雷音频实验室是目前世界上顶尖的音频实验室之一，承担着测试华为声学组

---

① TR4A 代表系统级的功能测试完成，少量的性能已经测试，产品稳定性和可靠性不能保障。TR5 是在发布给客户前对项目整体状态在设计稳定性和技术成熟度方面的独立评估活动，目的是确保产品符合预定的功能和性能要求，以满足前期确定的产品包需求。TR6 是一个关注于系统级的评审流程，确保产品的制造能力已经能适应全球范围内发货的需求。

件、产品及其附件的音频性能，以及音频增强算法技术开发的任务。据说，华为的鸿蒙操作系统也是从那里开始的。

外包管理

任正非认为：华为要建立核心生产能力，否则对供应链理解不深且不能打通。华为之所以管道（运营商、企业网）系统做得好，是因为保持了核心生产能力。华为需要保持一部分生产能力，掌握了这部分能力，外包合作就比较清晰。不要完全甩出去，否则太机会主义，一旦出现风险，就满盘皆输。

一直以来，华为终端制造坚持自制与外包相结合的策略，以降低供应链风险。自制聚焦在核心制造、产品试制、新品生产、高精尖制造及多品种、小批量生产上；EMS外包工厂一般承接大规模批量生产和技术含量不太高的产品。当自制生产出现异常情况时，外包工厂可以迅速替补作为"备份"，确保终端产品的持续稳定交付。目前华为自制的量只有10%左右，90%都是由外包工厂完成的，包括原始设备制造商（OEM）、原始设计制造商（ODM）和联合设计制造商（JDM）。

华为终端的大型EMS外包工厂有富士康、伟创力、比亚迪、长城科技等，在这些EMS工厂内，常年都有来自华为计划、制造、物流、品质、研发等部门的工程师驻厂，进行管理和生产跟踪。2019年中美贸易战以来，由于伟创力表现过激，华为不得不将它从供应商名单中剔除。

终端业务变化快，技术更迭也快，产品需求波动大，准确性不高，这些都是制造业面临的挑战，为了减少需求波动带来的反应滞后问题，华为主动与EMS工厂分享市场信息，让厂商提前预知产品的需求信息，提前做好相关的生产准备。由于华为与OEM是通过consignment（送料加工）和buy/sell（先买好物料后再销售给供应商）的方式管理物料的，OEM 没有太多控制权，当华为的需求计划波动过大时，会产生较多的物料库存和资金占用。近年来，华为改善了合作模式，对于关键器件仍然采用 buy/sell 的方式；部分非关键物料交由 EMS 工厂，按照华为指定和认证的供应商及价格，即 turnkey price 和 consignment 两种方式结合起来推进生产，以便更好地为华为提供敏捷而快速的服务。

consignment 这种物料管控方式在 2019 年中美贸易战美国对华为的元器件控制中经受住了考验，体验出它的优越性。由于华为牢牢掌握了采购大权，提前进行大量采购和储备，而不是让 EMS 工厂听命于美国厂商，终端生产和出货才没有受到太多影响。

对于 ODM 或 JDM，如华勤、闻泰，通常是由供应商提供产品设计方案或联合开发产品，自行决定物料选型和价格，但所有物料和物料供应商需要得到华为采购认证部的审核并备案，进入华为的采购和供应商管理体系。

外包管理是目前高科技制造业常用的一种管理模式，是品牌商与制造商各自发挥优势形成互补的一种供应链模式。正是美国企业过多使用生产外包，将需要大量劳动力的工作转移到有人口和成本优势的发展中国家和地区，才导致今天美国制造业的"空心化"。

生产制造管理

接下来将分别从华为的自制工厂和华为的外包工厂来讲解华为的生产制造管理。

【案例一】

华为自制工厂——松山湖南方工厂的智能制造

华为松山湖基地的南方工厂占地150万平方米，投资约100亿元，华为终端手机的新产品导入、验证测试，部分高端手机的生产和测试就是在这里完成的。

在华为终端手机生产车间内，设有40多条自动化生产线，配备了美国原装进口的超精准MPM双轨全自动锡膏印刷机、世界领先的Camalot dispenser精密点胶机、全自动机械臂控制的整机组装测试线，还有全自动的无人驾驶运货车。此外，华为制造还拥有全球领先的生产工艺和质量控制体系，平均每20秒就能生产出一部高档手机。

从来料质量控制（IQC）到自动化物流中心，再到生产车间；从表面贴装技术（SMT）的印刷电路板组装（PCBA）贴片，到后段整机组装、测试和包装，完全是一条龙的自动化作业流程。对比过去那种靠几百个工人手工组装的生产线，现在华为的自动化生产线上，不到30个人就可以完成一部手机的生产、组装和测试。100多米长的生产线，生产车间安静且有序，机械臂和自动化设备在程序的指令下默默地"埋头苦干"、精确循环。

华为手机的自动化生产线集成了制造执行系统（MES）、全球唯一识别号（GUID）的生产定制系统、自动导引运输车（AGV）等先进管理系统及方式……生产过程中的物料管理借鉴了德国、日本开放式超市的管理思想，在产线中央设置了开放式的物料"超市"，线上需要补充的物料可直接从"超市"领取，补货员可实时补充"超市"的物料。难能可贵的是，自动化生产线上的很多管理和测试系统是华为人自己开发的，比如主物料管理、辅料管理、老化测试和功能测试等系统。

华为手机生产线上使用的可以精确定位的工业机器人、机械臂，可以对制造中的工具、半成品、原材料和人员进行实时定位和互通互联，实现工具预置管理、生产进度控制、成品质量管理、原材料物流控制、作业人员调度管理等，极大地提升了生产效率和产品质量。人工智能技术和安全算法保障了工业车辆的精确定位和精密控制，并实现了工业车辆的自动驾驶和动态导航。

华为严格执行 6 sigma 的质量管理标准，将生产线上的不良率控制在百万分之三以下，防水、点胶等关键制程通过高精密的设备在线完成；老化、跌落、电磁安规等测试必须在老化室 50℃的环境下严格进行 8 小时，通过后才能继续后面的流程，再包装出货。

在华为的智能生产车间内，设有一个可视化的智能指挥系统，整个生产状态是公开可视的，生产管理人员可以通过大屏幕实时调取华为的所有产能数据，全球关键供应商、外包工厂和合作伙伴的信息数据；智能指挥系统还具有预警功能。

除了系统的可视化，现场的可视化也面面俱到。在车间内，你可以看到信号灯、标识牌、显示屏、看板等发出的各种视觉信号，信息通过不同的颜色和图表快速传递，方便工作人员及时掌握现状，快速判断并采取应对措施。各种颜色的提醒、警示标识也随处可见，比如：不同车间、不同工种的工作人员会穿戴不同颜色和样式的工服及工帽，访客、主管、普通操作员、品管人员一眼就能识别出来；通过空调口上系着的飘带可知空调的运转状况；"当心烫伤""当心触电""小心滑倒""请节约用水"等标志牌随处可见；在配电房、仓库的显著位置贴有"止步！高压危险""禁止烟火"等警示性标志；还有一条最让华为员工感到自豪的标语——"我们正在生产世界上最好的手机"。

华为终端手机的自动化生产线和智能车间，其先进的装备、工艺、质量控制、制程管理系统等，体现出的不仅是自动化、可视化，更是华为智能制造的核心能力和"精益求精，敏捷实践"的工匠精神。

【案例二】

华为的外包工厂——富士康和它的智能制造

从 1988 年至今，富士康在深圳开厂已经 30 多年，凭借丰富的生产制造经验、先进的工程技术和强大的供应链能力，以及管理数百万生产线员工的经验和能力，富士康获得了几乎世界上所有顶尖高科技公司的加工订单，从电脑、手机，到智能终端，从惠普、戴尔、诺基亚、摩托罗拉，到苹果、谷歌、微软、亚马逊等。2019 年，富士康在《财富》世界 500 强企业中排名第 23 位。富士康也是在中国出口创汇最多的企业；2019 年 1 月，富士康工业互联网公司还被美国《麻省理工学院技术评论》杂志评为世界上最聪明的 50 家公司之一。富士康通过工业互联网成功实现转型，从原来的来料加工、委托代工的加工厂蜕变为一家有技术实力的世界级优秀企业。

除了整机组装以外，富士康还涉足上游产业链，包括零部件、模具加工、线材、连接器、显示屏等，并提供设备维护和国家级实验室测试服务等。今天的富士康还是中国最大的工业机器人制造企业。

在全球范围内，能够为苹果、华为提供如此大体量生产交付的公司也就只有以富士康为首的少数几家 EMS 工厂了。现华为制造部总裁李建国就是从富士康"挖"来的，他不仅将富士康多年的生产管理经验带给了华为，也为华为输送了大量优秀的制造人才。

过去十年，富士康靠着苹果的订单，成长为世界第一大 EMS 外包工厂。其为苹果提供加工服务的产品，除了人人皆知的 iPhone 外，还有 iPad、Mac、Apple TV、Mac mini、Apple watch 等苹果全系列产品。富士康为苹果提供加工服务的制造基地包括深圳的观澜、龙华制造基地，以及成都、郑州、太原的工厂等。

每年苹果都会将 NPI 放在富士康的深圳工厂完成，因为这里有经验丰富的制程工程师、模具工程师和质量工程师，他们能够在短时间内与苹果工程师互动，迅速解决样板线上的问题，用最快的速度完成新产品导入，再将试产的经验快速复制到成都、郑州的大规模批量生产基地。富士康与苹果团队一起，参与苹果硬件的研发，不断引进并应用新的制造工艺和工程技术，苹果对产品品质及创新的高要求使富士康不断蜕变为一个真正意义上的、世界级的优秀制造企业。

近年来，富士康为了满足苹果等大客户对自动化的要求，降低生产成本并减少对人工的依赖，在生产线上安装了数量可观的工业机械臂和自动化设备。

富士康借助工业互联网，实现了智能制造的成功转型；通过自动化机器设备的互联互通和大数据的应用分析，优化了资源配置及生产流程，提升了管理效率和产品质量，并降低了经营成本。用八个字来说，就是"提质，增效，降本，减存"。

举例来说，在富士康 SMT 生产车间里，设备的实时可视化设计和制造网络，协同大数据智能决策，让富士康的人均产出提高 20%，制造良率提升 30%。在富士康绿色生产大数据中心，隧道式冷却设计与收纳式混风箱结构达到世界级 PUE（电源使用效率标准），让富士康生产能源损耗降低 20%，能源利用率接近 1∶1。此外，富士康的供应链智能决策系统，将生产流程数字化、订单交付可视化，让库存周期缩短 15%，整体效率提升 30%；还有它的系统组装线上，全线设备实现智能保养，极大降低了停机概率，提升了整体效率。核心层的自动化让富士康的库存降低 33%，人均产出提升 31%。

据富士康总裁郭台铭介绍，未来 5 年，智能制造和工业互联网的应用将会帮助富士康减少 80% 的用工，员工将从现在的一百多万缩减到二三十万，缓解中国人口红利减少带来的用工压力。

富士康通过与世界顶尖高科技客户的合作，培养了数千名软件工程师、工业设计工程师、硬件工程师、模具工程师等，富士康已经从过去那种只能代工的制造企业升级为一家可以独立生产智能硬件产品的高端制造企业。今天的富士康已经做好踏入智能时代的准备。

有了华为、富士康这样的高端智能制造企业，我们有理由相信，中国的"智能制造"绝不会只是一个梦想，而是指日可待的现实。

风险管理和芯片战略

在讲华为的芯片战略之前，有必要讲一讲华为创始人任正非及其个人的成长背景和工作经历。

任正非出生于 1944 年，年幼时跟着他的父母亲经历过无数苦难，少年时代经历过三年自然灾害，青年时代又经历过长达十年的社会动荡，其间他见证了母亲为了让全家人活下去的无私奉献和父亲坚韧不拔的生存精神，也见证了中国科技人员在苏联专家撤出后，通过"自力更生"突破尖端技术实现"两弹一星"的伟大成就。他大学毕业后参军入伍，开启了十多年的军旅生涯，年近不惑才复员转业到深圳某公司，却遭遇工作不顺，又经历过受骗、被离婚等人生窘状。

迫于生计，任正非在 1987 年创立华为公司，创立初期的十年，公司野蛮且快速地成长，以"农村包围城市"的战略，一举拿下中国电信行业通信设备提供商头把交椅。2000 年左右，华为遭遇了全球 IT 和互联网泡沫浪潮，2002 年错失小灵通的商机，2003 年遭遇"港湾网络"盗用华为知识产权并撬挖人才墙脚的白热化竞争，同年还遭遇思科起诉"华为仿制路由器"侵权……经历了这么多的深刻教训和风雨飘摇，华为才逐渐走向成熟。

一个人的成长经历总会影响他的思想和价值观，一个人过去的失败往往会成为他未来成功的老师。

任正非身上带有很强的时代烙印和个人风格，比如他的军事化管理思想、军事化战略防御思想和对风险防范的觉悟，还有各种军事化战术比喻，诺曼底登陆、抗美援朝战争、上甘岭战役是他挂在口边常讲的故事。由于他本人是一个技术达人，所以他对华为的管理又融合了很多自然科学元素、数理化原理，比如著名的熵减原理 ①、薇甘菊

---

① 编者注："熵"是热力学第二定律的核心概念，熵减原理的概念是在一个孤立的系统中，分子的运动从有序到无序，熵的递增是不可逆的，直到分子最后静寂下来。而在一个开放的体系中，只要有能量的交换与释放，任何自然与人类组织都有可能实现从无序到有序的逆转，实现"熵减"，实现机体的更新。任正非借此原理提出对华为组织的要求。

战略 ①、盐碱地战略 ②、蜂群战术等。

华为有一个著名的研究机构——2012 实验室。

大家可能有所不知，2012 实验室是源自一部有关世界末日的美国电影《2012》。华为用"2012"作为实验室的名字，其寓意就是激励华为在面临毁灭性的数字洪灾之前，通过提前预防，构建一条诺亚方舟，得以求生和自救。2012 实验室是华为为未来布局的一套风险预防机制。作为公司创始人，任正非希望华为能够像诺亚那样，通过提前构建一条可以自救的生命之船，免遭灭顶之灾而生存下来。2012 实验室下属的二级部门包括中央硬件工程院、中央软件院、海思半导体、研发能力中心、中国和全球各大片区的研究所等。

在 2018 年中兴事件发生后，很多业内人士都很担心华为，其实华为早有警觉。早在 2004 年，华为就成立了海思芯片公司，2009 年研发成功第一款手机芯片 K3，经过十多年的潜心研究和开发，目前海思芯片不仅在网络设备方面取得大范围应用，还大量应用于华为中高端手机，从而部分摆脱了来自美国上游企业的掌控。

我无从得知，是否是 IBM 在操作系统和芯片上败给微软与英特尔的教训带给了任正非启发，还是任正非的个人军旅生涯赋予了他战略防御思想，在任正非心中，海思芯片的地位比终端公司还要高。早年

---

① 编者注：薇甘菊是南美的一种野草，它只需要很少的水分、极少的养分，就能迅速蓬勃地覆盖所有的植物。薇甘菊这样一种迅速扩张、迅速成长的特性，使得与它争养分、争水分、争阳光的其他植物一个个走向窒息，走向衰亡。任正非将华为比作具有疯狂成长精神的薇甘菊。

② 编者注：盐碱地是指那些盐分含量高，难以种植植物、农作物的土壤。在华为看来，很多国家和地区的通信市场，由于受国际环境等诸多因素影响，辛勤耕耘却有可能颗粒无收，这些市场被形象地称为"华为的盐碱地"。华为的成功在于，坚持不懈地在西方大公司看不上的"盐碱地"里，一点点地改良耕耘，同时"盐碱地"市场也"逼"着华为在狭窄的夹缝中锻炼了能力，提高了管理水平。

在与 2012 实验室干部座谈时，任正非曾对海思"掌门"何庭波说："我给你每年 4 亿美元的研发费用，给你 2 万人，一定要站起来，适当减少对美国的依赖。芯片暂时没有用，也要继续做下去，这是公司的战略旗帜，不能动摇。"也就是说，出于战略考虑，华为必须要做自己的芯片和操作系统，拥有自己的核心竞争力和行业控制权。如果不想被别人卡脖子至死，就必须做好备份方案。

正是任正非这一"自力更生""科技独立"的战略和远见，使得在没有盈利的几年间，甚至在被内部普遍抱怨性能差、不好用的时候，海思芯片也没有被"卡死"，反而茁壮成长起来，为华为的持续稳定健康发展奠定了良好的技术基础，也支撑华为在智能手机的 5G 时代占据了制高点。

2019 年 5 月 16 日，华为被美国商务部纳入"实体清单"，海思总裁何庭波在 5 月 17 日发出振奋人心的邮件——"所有我们曾经打造的备胎，一夜之间全部转'正'"；5 月 19 日，华为又被谷歌禁止操作系统的授权，华为自主开发的"鸿蒙"操作系统也横空出世，并预告将在 2019 年秋季或 2020 年春季面市。而事实上，随着事态的发展，华为加紧了研发投入，"鸿蒙"操作系统已于 2019 年 8 月 9 日提前发布。

没有过去十几年的默默奋斗和奉献，以及巨大的资金投入，哪有今天的扬眉吐气？没有厚积薄发的实力，哪有今天与西方决绝对抗的底气和自信？没有华为手机提供的应用市场和检验场景，哪有今天由中国人自主开发的强悍的海思芯片去抵抗被别人卡脖子的风险？

这一系列漂亮的应对，都表现出了华为作为一家中国企业的战略眼光和战略格局。

那么，华为是如何制定这些战略的呢？

华为创始人任正非是一个酷爱读书的人，东西方历史、文化、哲学、社会学、心理学、法学，从自然科学到人文科学、社会科学，从苏格拉底、柏拉图到孔孟，从毛泽东思想到世界军事战略思想，从文学诗词、人物传记到世界各国历史大事件，任正非都有涉猎，他是一个博览群书的企业思想家。他个人的坎坷经历，也使得他对问题的看法非常深刻和独到，常常能引经据典并结合中外案例形象生动地表达各种深刻道理。都说"商场如战场，竞争如战争"，任正非特殊的军旅生涯经历又使得他成为一个将军事战略和战术用于商场且用得淋漓尽致的企业家。

在华为公司内部，还有多个思想研究院、蓝军参谋部和各层级战略规划部的"思想大军"，这些都是任正非的智囊团队。

任正非推崇中国人打麻将的战略战术，即"盯死上家，卡住下家，看好对家"。对所有的竞争对手（华为称之为友商），尤其是那些世界级的领先企业，华为都会将它们分析得透透的，对成功的企业就分析它的成功经验，对失败的企业就分析它的失败原因，好的经验就借鉴和吸收，坏的教训就吸取和防范。从市场分析、行业分析到竞争对手分析，再到自身分析，运用各种经济学、管理学模型，如 PEST 模型、SPACE 矩阵、BCG 矩阵、波特五力模型、SWOT 模型等进行充分分析和论证。分析完对手后，华为会对准对手的弱点下手，不管是在中国市场的"农村包围城市"，还是在欧洲发达市场的"弱点突破"，都是华为经过充分分析和论证得出的战略结论。

华为还在不同场景下运用压强原理、针尖战略、进攻策略、"范弗里特弹药量"[①]理论等各种战略。就这样，华为一步一步将"神坛"上的企业一个一个碾压，成长为今天世界的巨人；从一个懵懂无知、有冲劲并有强烈学习精神和求知欲的"小学生"，成长为一个教父级、令世人尊重、令对手害怕的企业。

---

① "范弗里特弹药量"，意指不计成本地投入庞大的弹药量进行密集轰炸，对敌实施强力压制和毁灭性的打击。

以采购与供应链战略为例。在 2018 年中兴事件发生后，华为分析了国际国内形势，做出第一时间撤出美国市场的决定，随后在国内开始对元器件供应进行战略分析、规划"储备和备份"解决方案。12 月孟晚舟在加拿大温哥华机场被捕，从那时起，华为就警觉美国要对华为下"黑手"了，华为开始大量采购关键元器件，备足 12 个月以上的库存量，并着手将原来的美国厂商全部改换，做好中国本土供应商替代的备份方案，全力扶植中国供应商，以技术、资金、设备、专家人才等各种方式进行支援，并要求部分供应商将业务和生产基地从美国转移至中国大陆或东南亚地区，也有部分中国厂商借此机会策略性地收购美国厂商，转而成为华为的直接供应商。所以当特朗普宣称对实施"实体清单"的企业延迟 90 天执行时，任正非轻松地表态，有没有这 90 天都不要紧，因为华为已经准备好应战了。

过去三十年，华为经历过无数次"九死一生"的危机，都逢凶化吉了，在华为内部，有"烧不死的鸟是凤凰"这一说法。一旦度过这几年的困难时期，华为必定会变得更加强悍不可摧。

采购战略和"战略采购"

原华为终端公司总裁，现华为轮值 CEO 郭平在 2018 年的"华为全球核心供应商大会"上跟供应商伙伴分享了他对"战略采购"的理解，他认为华为未来的采购就是"战略采购"，是以实现商业成功为目标，与核心供应商打造一种新型战略合作关系的采购。

在郭平看来，华为的"战略采购"具有以下特点。

第一，"战略采购"始终以支撑企业的商业成功为目标，换句话说就是"不管黑猫白猫，能抓老鼠的就是好猫"。

只要供应商能够帮助华为实现战略目标，实现商业成功，华为就可以与之建立战略合作伙伴关系，建立研发、采购、市场、供应等跨功能领域的全面连接与合作。

举例来说，华为与三星、高通、谷歌在市场上是亦友亦敌、既竞争又合作的特殊关系，华为会采购它们的产品或系统，因为它们能够让华为产品更容易地实现商业成功。不仅采购，华为还要与它们进行深度合作，建立战略合作伙伴关系。

第二，与优秀供应商联合创新，共同"引领"产业发展。

华为未来的"战略采购"必须解决产业链发展薄弱甚至空白的问题，这就要求华为与战略供应商敢于投入，与行业领袖或优秀企业联手，建立起鼓励创新的机制，支撑产品的持续领先，共同引领产业发展。

第三，与供应商建立起互信互助、长期共赢的关系。

供应商健康、安全地发展不仅是供应商自身的需要，也是华为的需要。华为目前在某些领域已经进入"无人区"，这意味着没有竞争对手，华为有自己的产品定价权，但华为不会用低价打压市场，而是将价格定在合理区间，构建一个更加健康的商业生态和更加充分的盈利空间，让西方的竞争对手也能够进入该市场，让产业链上的各级供应商获取更多的利益，共同做大市场。

在某些供应商遭遇预测不准、产能扩大后市场需求不足的困境时，华为会采取提前付款等方式，帮助供应商渡过难关。

与此同时，华为希望供应商在华为的困难时刻也能帮助华为，优先满足华为的需求。在 2019 年的中美贸易战中，很多厂商给予华为极大的支持和帮助，这就是相互帮助、长期共赢机制的体现。

第四，强调供应的韧性——供应商需要确保供应的安全和持续，保证业务的持续运营。

所谓供应韧性，就是供应链能够应对各种极端情况，关键时刻不断供、不掉链子。这就要求华为与供应商建立起完备的 BCM（业务连续性管理）体系，建设强健的供应链。

过去三十年，华为坚持以客户为中心，在面对地震、洪水、战乱、疫情等突发事件时，不抛弃客户，始终与客户在一起，不惧困难和危险，分秒必争，抢通抢建，为灾后恢复做出最大努力。在伊拉克战争期间、日本大地震期间，华为都在用实际行动保障着客户的安全和业务的持续。

华为希望核心供应商在面对同样的境况时，也能坚持以客户为中心、积极、快速地应对各类突发事件，建立起完备的 BCM 体系，保障业务的持续。

第五，用数字化技术构建极简交易模式。

未来的数字化智能时代，缺乏数字化业务战略的企业将很难生存，华为正致力于通过数字化技术简化交易链条，与产业链上、中、下游的各层级供应商或合作伙伴通过极简的交易模式，实现资金流、信息流、物流的无缝连接和智能运营。

既然华为未来的采购都是"战略采购"，那么这个"战略"该怎么做呢？

自古以来，中国就有总结兵法战略的《孙子兵法》《三十六计》，讲述治国策略的《战国策》。在现代社会，"商场如战场"，中国人虽然起步晚，但起点高、步伐快。我们这一代人又非常幸运地见证了国家这 40 年来的进步和发展，我们需要锤炼出一整套商场中的战略、战策和战术，在全球市场中获得竞争优势，赢得市场主动权。

华为是一家有战略思想的企业，这体现在它的全球化战略格局和全球化竞争策略中。未来企业间的竞争就是供应链的竞争，企业未雨绸缪，提前布局，做好采购战略和供应链战略显得尤为重要。

华为在构思采购战略时，通常会有以下六个步骤。

第一步，对过往业务进行回顾。

首先需要对过往一年甚至 3 ～ 5 年的采购情况做总结和回顾，包括过往采购工作所取得的成绩及不足之处。比如，对采购金额、数量、品类、成本控制等做趋势分析、归因分析，通过柱状图、曲线图、饼图等图表形式，清晰地总结出趋势和变化特点。

除了对采购进行分析，还需要对供应商进行分析。在纵向上对各个供应商的出货品类、数量、金额、成本、质量、准时交付率、技术能力等情况做出统计和分析，同时将供应商从不同维度进行横向比较和分析，包括质量绩效、准时交付绩效、技术能力、工程能力、成本差异等，按月或按季度进行评价，对供应商进行绩效评估，优胜劣汰。

此外，还需要对已实现的目标与年度工作计划进行差异分析。不管工作完成情况是好是坏，都需要找出真正的原因，以保持优势或避免再犯。

第二步，对供应市场进行分析。

正如销售人员对目标客户市场进行需求分析一样，采购也同样需要对上游供应市场做出详细而精准的分析，借助各种分析模型和工具，如 PEST 模型、波特五力模型、供求关系模型、四象限分类模型、风险管理模型等，对行业、现状、品类和风险等进行分析，同时还要考虑到供应市场中的供应商、客户、竞争对手、替代者等，进行竞争分析。

第三步，对企业自身进行分析。

除了对企业自身进行 SWOT 分析外，采购部门在与其他部门合作时，需要从各合作部门收集大家的诉求，识别出普遍性的痛点问题。通过之前的市场分析，发现供应市场的发展趋势；对照公司的战略目标，确定公司的战略机会；通过对内外部的检视和详细分析，确定采购和供应链如何协同，以找到公司战略的方向和突破口。

第四步，制定公司的采购和供应目标。

以终为始，以始为终。采购千万不要忘记自己的使命是帮助公司实现经营目标和战略目标。需要对照公司的中长期经营目标，分别制定出采购和供应链管理部门的近期（1年）、中期（3～5年）和远期（5年以上）目标，包括质量目标、成本控制目标、交付目标、价值链目标和未来供应链的竞争优势目标等。

第五步，确定采购和供应策略。

通过以上对内外部环境和关键要素的全面分析，基本可以制定出采购和供应策略了。采购和供应策略实际上就是采购为确保供应保障或供应安全而制定的策略，比如：

- 采取什么样的采购政策？是否将采购作为公司的核心竞争力？内部资源能否向采购倾斜？
- 采购原则上到底是质量优先还是成本优先？是阳光采购还是价值采购？
- 如何设计商业模式？选择用 OEM 还是 ODM？选择 turnkey、consignment 还是 buy/sell 的方式管理物料？
- 对供应商选择、合作和管理的策略是什么？选择谁作为战略供应商？如何建立战略合作伙伴关系？如何进行绩效评估等？
- NPI 的策略是什么？在什么时候与什么工厂进行合作？怎样合作？做哪些工作？
- 成本控制的策略和方法是什么？
- 自动化和智能制造的策略和路径是什么？
- 未来的战略布局、产能分布、供应网络设计、备份方案选择如何确定？

第六步，制定策略执行和能力提升计划。

采购和供应策略制定完成后，不能停留在"纸上谈兵"，还需要制定出使策略落地的执行计划。如果涉及团队能力，还需要制定能力提升计划，确保策略能够得到有效执行。对于不能落地或有困难的策略执行方案，还需要提供赋能方案，研究并制定对团队的赋能计划，或外聘，或培训，对执行团队提供方法论上的指引。

通过对华为"战略采购"的案例和华为采购战略方法论的分享，相信你也可以确定自己公司的"战略采购"方向和采购战略了。你的公司也可能像华为一样，成为一家有战略思想的卓越公司。

华为终端供应链变革的成果和启示

华为终端经历了七年艰难而痛苦的转型，经历过无数次挫败、痛苦和挣扎，在最困难的时候，任正非和高层团队的包容、理解和支持赋予了终端变革决心和勇气，使其一直坚持至今，取得了不俗的业绩。我们来看看都有什么成果。

华为终端在芯片研发、计划能力、采购供应能力、智能制造、智能物流等方面实现了从落后到领先的跨越，逐渐打磨出差异化的竞争优势。

华为自研的麒麟芯片从 2012 年投入商用时不被看好，到现在成为华为产品的独特竞争力。华为的智能手机交付能力从 2012 年的 3000 万部发展到 2019 年的 2.4 亿部，并实现从中国单一市场上市到全球市场同步上市，价位也从低端机向中高端机转变。华为的产品种类从手机、数据卡拓展到平板电脑、个人电脑和智能穿戴产品，从技术跟随走向技术引领。华为成为世界上第一家自主开发 5G 基带传输和多应用处理 CPU 芯片的手机厂商。

此外，华为终端采购对供应商的管控从缺少话语权到掌握话语权，华为成为供应商争相服务的第一目标客户。

华为的库存周转从 2012 年的 6 次提升到 2018 年的 10 次，库存周转天数从原先的 60 天下降到 36 天，供应链管理能力取得了极大的进步。

华为终端有了核心芯片和操作系统作为防火墙，使得华为很有可能成为继苹果之后，全世界范围内第二家将软硬件和服务完美结合的公司，让我们拭目以待。

那么，华为的终端供应链变革给我们带来了什么启示呢？

● 启示一：要有"打持久战，做长跑者"的信念。

华为不断挑战新的业务和发展方向，并且成功突围，这是世界绝无仅有的从 TO B 到 TO C 的成功。究其根源，是其抱有的"打持久战，做长跑者"的信念和一直在努力奔跑的态度，以及中国市场成熟的产业链基础，再加上一点好运气。"中国芯，爱国情"，华为紧紧地把握住了市场机会，从追赶者一跃成为超越者。

反观市场上一些急功近利的企业，什么赚钱做什么，股票赚钱就炒股，房产赚钱就炒房，农产品赚钱就炒农产品，最后反而没能在任何领域扎下根，导致长期发展不利。很多原来一度在市场上处于领先位置的企业，现在已经销声匿迹了。

● 启示二：战略、资金和人才，一个都不能少。

成功需要有正确的战略方向，雄厚的资金支持，还有最重要的，就是优秀的人才。如果没有坚韧的、肯践行的余承东及其团队，华为终端不可能取得今天这样的战果。在团队怀疑、动摇的关键时刻，更离不开大老板任正非的精神支持，任正非甚至拍桌子以"不支持余承东的工作就是不支持我的"这样的豪言来支持余承东。

任何企业在开展一项新业务时，都需要具备"天时、地利、人和"。曾经与华为一样开展手机业务的乐视、金立等品牌，在发展过程中，或多或少地缺少以上这些关键要素，最终都以失败收场。

● 启示三：不经历风雨，怎可见彩虹。

华为终端是在不断试错中成长的。不管是手机还是芯片，"终端人"都经历了无数次失败，背负巨大的压力前行，屡战屡败，屡败屡战，但大家越挫越勇，不放弃，终于走向成功。成功从来都不属于机会主义者，而属于常年坚持、默默努力奋斗的人。

唐僧师徒四人，也是历经九九八十一难才从西天取得真经。任正非在其女儿孟晚舟于加拿大被捕时，还曾表示她"过去发展太顺了，多经历一些磨难对她的人生反而会有益"。

● 启示四：科技独立，在于长期的投入。

科技独立不只是一句空话，如果不在芯片上投入，华为终端的核心能力是建立不起来的，会一直受制于人。正是因为坚持长期的战略投入，付出了极大的代价，华为才有今天屹立不倒的气概。在芯片研发早期，即便不赚钱，华为也没有为短期利益放弃对芯片的投入。没有"十几年如一日"的深耕细作，哪有今天不断向上突破的力量？

反观中兴、联想等高科技企业，缺少对核心器件和操作系统的长期投入，导致中兴在遭受美国商务部贸易禁令的时候，不得不投降服输，导致联想的销售利润越来越薄，甚至亏损，后续发展乏力。

● 启示五："勿以恶小而为之，勿以善小而不为。"

任何改善都要"从大处着眼，从小处着手"，做到"勿以恶小而为之，勿以善小而不为"。华为终端供应链变革几乎涉及终端公司供应链管理的各个环节，如计划、采购、生产、物流交付、退返售后，正是因为在管理上精益求精、"锱铢必较"，华为才在短时间内迅速成长并实现超越。

实现世界级的中国制造，需要每一个人从自己做起，从实际工作的每一件小事做起。做好了每一件小事，也就是做好了一件大事，"众人拾柴火焰高"，才能成就中华民族的复兴之梦。

● 启示六："师夷长技以制夷。"

研究敌人是为了征服敌人。"师夷长技以制夷"是清代思想家魏源在《海国图志》中提出的观点，通过学习西方的先进军事技术寻求御侮强国之路，即"以彼之道，还施彼身"，这一道理在今天的商场上仍然有效。

华为通过学习苹果、谷歌、高通等公司，借鉴它们的竞争优势和成功经验，逐个突破，收获了自己的成功。其他企业也可以学习、参考华为的这种学习模式，找准自己的定位和目标，走出一条差异化、跨越式成长的道路。

拓展阅读：

任正非管理思想之"终端发展策略"

> 导读：到 2017 年时，华为终端已经取得了一定的成绩，任正非给终端员工指明未来终端业务的发展方向，确定了低端防线保护高端产品的市场战略，以及荣耀品牌的防线策略，为终端员工树立了信心。

任正非在消费者BG业务汇报及骨干座谈会上的讲话

一、消费者业务要正确判断未来，脚踏实地成长，开放、合作、共赢，百尺竿头更进一步

这几年终端的发展成绩总体很好，回顾我们走过的历程，

其实是很悲壮的。最初华为做终端的原因，是当年我们的 3G 网络设备卖不出去，没有终端。自己做终端，我们什么都不懂。首台终端有多大？整整装满一辆考斯特。于是我们买来十多辆考斯特围着上海转圈，目的是帮助网络测试过关。3G 做出来后，首先出口到阿联酋，但是没有终端就无法销售，我们向日本其他厂家购买，没有厂家愿意卖给我们一台终端，它们已让其他运营商包销了，我们才被迫开始自己来做。

终端最早是郭平主持起步，然后是彭智平。彭智平 900 人开发了 100 多款手机，这些人包括了供应链、行政服务等编制的人在内。我认为平均几个人开发一款手机，这不符合华为的战略集中度，所以又把郭平换回来。郭平提出绑定运营商做定制手机开发，这就是定制手机的起源，终端公司逐渐走出了困境，开始有一点点盈利。从那种悲壮的时代走到今天，这是不容易的。明天是否会更好？我相信会的。

第一，最重要的原因是终端员工不畏艰难困苦，勤奋努力。终端取得很大成绩，与这十几年来大家的努力密不可分，感谢大家的贡献。

第二，我们有一个大平台支持。公司以网络技术的基础理论平台，慢慢注入终端的开发，促进了终端的快速进步。从去年（2016 年）7 月开始，公司大平台的理论系统又注入到了终端业务。因为 2012 实验室的部分研究有些超前，在网络系统中短期内还用不到，所以先注入终端来焕发青春。这就是华为的"备胎"计划，在关键点起了作用。终端在这些技术上继续开发前进，将来也要返送给网络系统使用。所以，在华为整个大平台支撑下前进，终端业务具有很强的后发优势，未来一两年将突飞猛进，每个季度可能都会有新亮点。苹果没有网络系统，爱立信没有终端，横跨这两个体系，我们都有，这也是我们能感悟进步的一个原因。

第三，我们有广阔的心胸，不追求自主创新，只要捆绑世界优秀，组合起来，我们就是最优秀。捆绑别人的同时，我们自己也要努力，在图像问题上一定要努力做到世界领先。大家要看到，图像对未来信息社会产生的巨大贡献。未来十年信息社会是什么样子？无法想象。就像20年前我们不知道互联网，3～5年前我们不知道移动互联网。未来时代越来越发达，没有大平台，不可能成就大事业。华为公司用30年时间慢跑、紧跑、快跑、拼命跑，终于赶在世界发展的时候，跑到了起跑线。我们参加了起跑，通过努力，将来就有希望领先或者得第二名、第三名；或者落后，即使落后，也是引领过这个时代的，也很伟大，何况我们可能不是最后一名。

所以，不要妄自菲薄，未来的巨大发展空间，也有我们的生长空间；不要盲目骄傲自满，楼外有楼，天外有天。我们要正确判断未来，才能把握我们的公司，在这个世界上生存下去。希望你们继往开来，在今天的成绩基础上前进，百尺竿头更进一步！

二、消费者业务首先深刻理解客户需求，找准产品定位，逐步构筑战略纵深

1. 消费者业务一定要真正对客户需求有深刻理解。

首先要判断清楚，我们的阵地在哪，"马其诺防线"在哪？"机关枪""卡宾枪"到底要架在哪个位置合适？在这个位置，客户需求是什么，我们能提供给客户什么样的感受和体验？如果这些我们都能做到，应该就会有领先优势。你们要去好好讨论，这需要靠大家的智慧。你们的各种产品都是尝试，善于总结，就能找到合适的位置。

我们的目标要远大，就专心致志盯着客户需求，不要总去

对标别人，否则最后可能把自己的先进也变成了落后。比如，手机哪些功能需求最典型？上网快、拍照效果好、音响好，其他功能可能是小众需求。小众需求指只有少数高端人的需要，高端人群也不一定是小众。我们要明白客户需求是什么，对于客户需求，只有一线的人最清楚，将来欢迎一批"二等兵"升到将领来。

2. 消费者业务要逐步增强战略纵深的构筑，要在成长最好的时间里拿出精力来应对未来。

我们要逐步构筑战略纵深，这几年虽然在部分领域构筑起了我们的核心能力，比如产品竞争力、渠道、零售、服务……但与三星和苹果相比，还有一定差距。在确定性事务的战略纵深方面，我们做得还不够，那么在不确定性的战略纵深上就更不够了。我们要坚定不移地持续努力，从中国开始打造生态链，逐步向全球构筑。

在华为成立初期，我最崇拜贝尔实验室，今天贝尔实验室何在？没有了，但是时代还在发展，桃花依旧笑春风。如果将来华为不存在了，时代也在发展，我们要给人类留下我们的贡献。但是我们要先想想，为什么会不存在？我们要生存下来！一定要去思考和学习。可能在某些方面我们超过了别人，但是别人优秀的地方，我们做得不够，只有奋起前行，才不会落伍。未来消费者业务面临的压力比运营商业务更大，我们要在成长最好的时间里拿出精力来应对未来。

3. 以商业成功为中心，高端产品加强成长，但是不能忽视低端产品保护着我们市场空间的作用。

首先，我们要正确对待低端机的商业价值，不要认为从事低端机业务的就是低端人才，从事高端机业务的就是高端人才。什么叫高端，什么叫低端？我们不是学术单位，不是大学，不是论技术能力大小，不是论考试成绩多少，而是要论商业价值，我们必须以商业成功为中心。高端品牌不是高端产品，麦当劳、肯德基、山姆，就是高端品牌。非洲地区弟兄的工资是广州地区的3倍，难道非洲的贡献比广州大吗？其实非洲小国的销售额远远低于广州代表处，但是我们也不能放弃。如果我们不断退出艰苦地区、战乱地区……退到只有中国市场，再退缩在北上广深这些发达城市，最终会像蚂蚁一样被别人轻易消灭。所以，用低端产品来保卫我们高端产品多一些盈利，很重要。虽然低端机在商业成功上赚的钱少，但是保卫了高端机的市场，它为你流血牺牲，高端机为什么不能分点钱给你呢？人力资源价值系统需要调整。艰苦地区也能出将军，低端产品也能出将领。

第二，低端机要做到质量好、成本低、生命周期内免维护。要打磨成熟、高品质的海量发货产品，这种产品经过数千万台的洗练和磨合，没有故障、质量提升、无技术风险，再通过批量采购，降低采购成本，这就是低端机的做法。低端机满足普通消费者的需要，这个世界95%还是普通消费者。低端机没有占用多少资源，为什么吃水线相同呢？高端机将新技术研究的成本摊完，低端机使用这些成熟技术不用再分摊成本，这样形成一个低成本的价格体系，而且也就一两款机。低端机的成功，定位为商业成功。

4.重视工艺与美学，打造高颜值产品。

目前手机有三个功能：通信功能；手机实际是云、管、端的平台，所以华为终端其实是一个巨大的网络平台；手机也是一种艺术品。

第一，当信息产业走向水平化发展时，技术容易趋同，产品同质化严重是无法阻挡的事情，不仅要通过功能改进和优质服务来吸引客户，更要通过工艺和美学上的改进来争夺大众客户。我们组建美学研究所，就是为了解决这个问题。我们要重视时代需求，如果只是一群学电子出身的理工男在讨论颜值，我认为文不对题。心理学也是美学，我们考虑在意大利建立消费心理学研究所。你们面对全球这么庞大的65亿人口，有黑人、白人，有信奉基督教、伊斯兰教、佛教等不同宗教的人，有快乐的人、不快乐的人……如果你们不懂心理学，还认为自己的商品畅销，我认为是你们自己想象出来的。

国外统一不起来就算了，国内各产品的颜值设计都统一不起来，不能实行统一平台设计服务，"颜值个体户"真是怪现象。各产品线经理像诸侯一样，十项全能，个个是楚霸王。我们还是要推行全公司的模块化平台设计服务。

第二，产品研发应该从营销到研发、生产、服务等全流程贯通，研发来告诉大家，工艺如何管理，制造如何管理，零部件如何管理，零部件纵深到哪个厂家去……我们的全自动化生产，研发人员一定要熟悉，才能完成优质工艺。工艺也是竞争力，这几天看到你们在工艺和颜值设计开发上有一支庞大队伍，我很高兴。

三、打造荣耀独立品牌，守住"喜马拉雅山"北坡

华为和荣耀双品牌分开运作，华为品牌走向高端，荣耀面向年轻人市场，形成"双犄角"，各自应对不同的客户群体和市场。支持荣耀用轻资产的方法去辐射海外，在内外合规的前提下，尽快在海外把荣耀的模式构建起来，你们就是"喜马拉雅山"北坡团队。消费者业务管理委员会和消费者BG要帮助荣耀快速配置全球组织和队伍。

1. 我们要从客观上清晰荣耀的战略定位，构筑一条"马其诺防线"。

荣耀不是要去全面打赢别人，所有战线不可能都领先。明

确在哪儿建立防线，需要什么武器，就在这个位置上布置防线，锁定在这个防线上深化对市场的贡献。这个防线位置也会发生变化，但不要短时间内去改变"卡宾枪"和"机关枪"摆放的位置。经过一两年后，务虚讨论重新判断防线在哪里。

2. 荣耀销售不拘于形式。

敢于充分利用互联网，但不要过多强调线上、线下。线上做的是广告，线下做的是实体销售，线上、线下可以交叉，只要卖出去就是成功。线上合作品牌搞潮店，线下要顾及分销商的利益，别把市场打乱了。

3. 荣耀团队要尽快改变利益分享机制，激活作战组织和团队。

简化 KPI、PPT 汇报，只要内外合规，符合财务管理、资金管理、供应链仓库管理的流程，货到门店卖了出去，我们的奖金就及时兑现。其他产品也可以思考如何改革好。终端公司就是卖"火柴盒"，别把"小女孩"烤煳了。我们的考核方式要改变，形成不同的团队集体合作、内部分享；资金回收系数也可以作为一个考核标准；供应链对线下门店存货要有管理，避免渠道商对畅销产品囤货太多，风险太大……公司组织结构改革是以安平系统部为试点，从市场转向格局。奖金系统改革就以荣耀作为试点，简化 KPI，荣耀要号召"千军万马上战场"合法赚钱。

四、消费者云服务目的是帮助手机提升用户体验，我们要找准差异化的努力方向，主推有价值的高品质内容

经过公司 EMT 会议批准，同意试一试开展视频业务。我们做消费者云服务不完全是为了盈利，最终目的是帮助手机提升用户体验，促进手机销售。所以在内容选择上，我们要有自己的价值观，找准差异化的努力方向，选择好内容。我们主推高

品质内容，因为这些是有价值的，孩子们只有从真正的哲学、历史中，才能学习如何成为真正的人才。我们不要做毒害社会的事情，应该有选择地加载，而不是为点击率服务。

五、终端供应链业务要加强结构性的组织建设，降低风险，确保高质量交付

终端在设计、品牌营销、渠道等方面自己能把握好，比较难把握的就是供应链，因此我们要根据自己的弱点去加强结构性的组织建设，并且成立高层的"风险管理小组"，像特种兵一样随时盯着风险，能快速扑上去解决问题。

物流和信息流可以分离。信息流是从华为到分销商／国包商再到零售商，而实物发货有可能做到从华为直接到零售商门店。分离后就可以减少物流的时间。发货至门店，对物流配送效率的要求会很高，供应链要思考如何提升物流网络能力。

六、我们要建立有广泛人才基础的终端公司，不拘一格用人才

这两年泛网络一批优秀干部将有机会调入终端，以及外来优秀人员将被吸纳加入华为，终端管理者一定要开放思想，大胆任命，不拘一格用人才。终端业务和泛网络业务有很大区别，终端面对广大的消费群，在人才使用上不要僵化教条，用更广阔的胸怀迎接更广泛的人才，你们才有可能做到领先。

在这个时代，我们不仅要重视统计学、系统工程、控制论、神经学等各种专业，还要更重视哲学。因为未来发展过程中，这些科学都要发挥巨大作用，而不是靠单纯的机械技术观点发挥作用。学哲学，不会马上体现到商业价值上，但就像东北的土地，如果不开垦、不播种，黑土地就是黑土地。哲学是黑土地，系统工程、统计学等这些都是黑土地。

05
华为供应链的未来：
物联网时代的智能供应链（ISC+）

未来二三十年，人类将进入智能社会。面向新的时代，公司致力于把数字世界带入每个人、每个家庭、每个组织，构建万物互联的智能世界。这既是激发我们不懈奋斗的远大愿景，也是我们所肩负的神圣使命。公司要成为智能社会的使能者和推动者，这将是一个持久的、充满挑战的历史过程，也是我们的长期机会……未来是赢家通吃的时代，我们主航道的所有产业都要有远大理想，要么就不做，要做就要做到全球第一。

——2018年任正非在产品与解决方案、
2012实验室管理团队座谈会上的讲话

机遇与挑战并存的未来

今天的我们正处于一个快速变化的世界，技术成为驱动社会前进和进步的主要动力。随着5G技术、人工智能技术、大数据挖掘和智能分析技术、区块链技术及物联网技术的发展和应用，各行各业的供应链会有什么样的变化，又将会迎来什么样的发展机遇？

我们知道，数据和网络将无处不在，数字将连接这个世界并重塑这个世界。

社交媒体的发达，使个人与个人之间能够实时互通互连，比如我们每天使用的微信、微博，西方国家的人们喜欢用的 Facebook、Twitter、YouTube、Instagram、Snapchat 等。

云储存和超级计算技术的广泛使用，以及企业全球化的发展，使得企业与企业间能够实时互通并共享信息，比如亚马逊的 AWS、微软的云、阿里云、腾讯云，还有华为的云等。

物联网（IoT）、工业机器人、传感器、自动化控制技术将设备、机器和数据连接在一起，使我们能够迅速捕获和收集数据，对工业化海量数据进行分析和运算，建立优化算法和模型，对事件运行结果进行仿真和预测，智能设备及机器人告诉人类应该怎么决策，甚至代替人类做出优化决策，比如富士康、华为生产线上的机械臂、机械手、亚马逊、京东仓库的运输机器人、无人机等。

金融网络因数字货币、区块链技术的应用，将覆盖全世界每一个角落，货币的借贷、支付和结算，将在地球上通过"一网一平台"（互联网＋现代产业运营服务体系）实时完成，比如我们平时使用的微信支付、支付宝，还有比特币，以及 Facebook 推出的 Libra。

物的网，人的网，钱的网，网网相通，万物互联，这无疑是人类历史上巨大的进步。在数字化、智能化的世界里，一定会是数字化、智能化的供应链，包括数字化、智能化的客户和供应商，数字化、智能化的采购系统、生产系统、物流和库存系统，数字化的货币，还有数字化、智能化的人才管理系统、内外部资源管理系统等，这些共同构建起一个数字化、智能化的全生态产业圈。

从 1998 年到 2015 年，华为已经基本搭建好 IT 信息化管理平台，从集成供应链变革到全球供应链变革，再到终端供应链变革，华为已经系统性地构建起供应链的流程、IT 系统和管理体系，支撑起华为在国内和全球的业务发展。但面向未来智能化时代，华为仍面临不少现实问题。

未来的世界是不确定、不可预测的

用任正非的话说："信息技术在五年以后是什么样，我自己也不清楚；未来三十年人类社会会变成什么样子，根本不清楚。信息技术前三十年积累的能量，将在后三十年爆发，这个'洪水'会不会把华为冲得无影无踪，还不好说。十多年前的人，不可能想象我们今天的生活。庆幸我还在，所以我看到了今天；即使我还在，我也看不清明天。信息社会的发展，这种汹涌澎湃谁也阻挡不了。"

为了应对不确定性带来的冲击甚至是颠覆，就需要前瞻地规划和部署，"以变应变"，提前做好准备，使未来的不确定性对企业的冲击程度尽可能地降到最低。

华为已经走入"无人区"

无人区，意味着无对标可参，需要自己去摸索，去引领方向。华为过去的成功，几乎都是对前人的超越，华为非常擅长改良和追赶，现在得靠自己去开创先河了。从产品研发、技术更新、商业模式设计到内部管理、产业链生态的构建等，都需要华为进行原发性地设计、规划和布局。

业务持续增长，供应链面临巨大压力和挑战

由于华为还在增长，未来的业务体量会越来越大，2021年预计收入规模将超过1500亿美元，未来10年内可能超过2000亿美元。面对这2000亿美元的收入规模，1000多亿美元的供应规模，供应链的布局、供应安全和保障将是华为需要解决的核心问题。

任何一个元器件、模组，任何一个芯片出现质量问题或供应短缺，都将给华为带来灾难性的后果，华为需要与合作伙伴、供应商共同思考，从创新、生产布局、供应柔性等方面提升竞争力，满足最终客户

的需求。

华为需要对现有供应链进行变革，使其更加智慧、智能，更加简洁、利落，以迎接人类发展史上最伟大的数字化和人工智能革命。

面向未来，从量到质的变革

2016 年 7 月原华为首席供应官，现华为董事长梁华，提出了面向未来的 ISC+ 变革是要"实现超越，成为行业领导者"的战略目标。

面向未来，华为对供应链体系提出了非常清晰的变革要求，即通过业务与技术的双轮驱动，构建及时、敏捷、可靠的主动型供应链，使华为现有的供应链"更简单、更及时、更准确"。

通过 ISC+ 变革，华为希望实现六大转变：

1. 将华为当前与客户以线下为主的业务模式转变为线下、线上并重；

2. 将原信息串行传递的工作方式转变为信息共享的协同并行作业方式；

3. 将大量手工作业的工作内容转变为 IT 系统自动化处理；

4. 将依赖个人经验和直觉判断的决策模式转变为基于统一的数据仓库和数据模型的数据分析使能的决策支持模式；

5. 将原来以深圳为中心的"推"式计划分配模式转变为预测驱动的"拉"式资源分配模式；

6. 将原来的集中管理方式转变为一线自主决策、总部机关提供能力支撑和监管的管理模式。

构建一个数字化、智能化的供应链，是一个长期而艰巨的过程，需要夯实供应链系统的数据底座，实现业务规则的数字化，通过大数据分析、算法研究和模型，逐步构建起人工智能加成的供应链。这就需要业务专家、业务分析师、数据科学家、数据分析师、算法工程师、IT 工程师协同工作，缺一不可，还需要合适的产品团队和持续的产品迭代。在数字化供应链中，数据科学家是宝贵资源，需要提前获取和培养。

接下来，我们来看看华为是如何实践，将战略落实到具体、可操作的项目中去的。

用未来反推当下，找出变革的目标和方向

俗话说"高处不胜寒"，站在巅峰的华为，与业界优秀的公司正处于同一条起跑线上，没有太多领先的实践可以借鉴，对于 ISC+ 变革只能采用愿景驱动的变革方法，根据华为未来的业务战略和愿景，从客户和市场由外而内的视角来设计供应链，用数字化技术引领这次 ISC+ 变革。

今天，互联网的发展已经彻底改变了消费者的消费方式和消费行为，华为总结并提炼出 R–O–A–D–S 作为用户体验的标准，即实时（real time）、按需（on demand）、全在线（all online）、服务自助（DIY）和社交化（social）这五个客户体验标准。

供应链的变革将围绕这五个标准展开，其中云平台、用户体验和服务是关键。华为变革项目组与负责这次 ISC+ 变革的埃森哲顾问一起，构思规划出愿景和蓝图，结合华为的现状，勾勒出供应链能力地图，对变革项目或产品进行设计。

以价值链为中心

华为泛网业务通常有两种形态，一种是产品形态，还有一种是解决方案形态。作为公司级项目的 ISC+ 变革，需要兼顾这两种场景、两条价值链，不管是产品形态还是解决方案形态，都需要从客户体验出发，让客户与华为做生意变得更简单、更容易、更愉悦。

对于产品价值链的供应链变革，要能够实现客户或合作伙伴直接在网上自助下单，采购订单（PO）生成后直接对接到系统后端的供应链履行，整个订单履行能做到快速、高效且透明可视，在网上就可以完成验收付款及退换货处理。

对于解决方案价值链的供应链变革，要能够实现以客户网络为核心，实现客户与华为内部职能单位之间的高效协同，使华为与客户的框架合同能够在线呈现，网络规划能够在线配置，PO 在线生成和下达，项目计划及供应能力能够在线配置，整个项目履行状态全程在线可视。

IT架构向轻型模块化转变

华为原有的供应链 IT 系统是在 ERP 及与 ERP 相关的系统里运行的，是一个复杂的单体大系统，信息是按流程节点串行传递的，无法做到快速和实时地支撑业务运作。比如，从客户需求开始，到把需求传递给供应商，最长需要一个月的计划周期；订单信息流"跑不过"物流，有时候甚至货物到了，信息还没处理完。

ISC+ 变革，就是要运用最新的互联网技术和互联网思维，将过去繁重的 IT 架构改为轻量级 IT 架构，遵循"开放和敏捷""一切皆服务"和"面向用户体验"的设计原则，对原有系统进行解耦和模块化设计，构建一个开放的平台和服务化的架构。这个供应链平台不仅可以被公司内部使用，还可以与供应商、合作伙伴及客户共享，实现多方协同。

有别于原有以 ERP 为核心的重量级 IT 架构，轻量级的 IT 架构由面向用户和商业活动的前台、面向业务流程的中台及面向公司财务核算的后台系统组合而成，三者之间是相互独立、解耦的。前台设计讲究"快速、方便"，要有好的用户体验；中台设计要求"灵活、敏捷"，要是模块化设计；后台设计必须讲求"稳健、可靠和安全"。

在供应链系统的前台、中台和后台的数据之间，还需要有人工智能的模型和算法，有了这些，才能算是一个服务平台，让数据在三者之间流动起来。这就好像是一个人，有了健全的四肢、身体和大脑，还需要不断学习，掌握多种工具和技能，让自己越来越聪明、越来越灵活。又或者说，我们在设计、装配一个机器人时，除了让它拥有人的外形以外，还需要给它安装程序和软件，让它像真正的人一样思考和行动。

启动提升未来供应链能力的八个子项目

为了实现 ISC+ 变革的目标，华为围绕三大主线启动了八个子项目。这三大主线分别是：

● 简化交易的主线：以提升客户交易体验和一线工作效率为目标，从线下交易转变为线上交易，并与客户系统对接，实时响应客户需求；

● 数字化供应链转型的主线：实现供应链从信息化向数字化转型，从人工作业向自动化和智能化转型，从职能化向协同化转型；

● 业务服务化和 IT 轻量化的主线：从集中化的 ERP 管理系统向分布式的云平台转变，对 IT 系统结构解耦，进行模块化设计。

八个子项目分别是：

● 客户在线协同项目

● 订单结构重构和生命周期管理项目

● 共享互动式集成计划项目

● 智能运营中心项目

- 供应策略、供应路径和可插拔供应网络项目
- 多级供应商协同项目
- 数字化制造项目
- 轻量化 IT 架构项目

通过这八个子项目来构建实现华为 ISC+ 变革愿景和蓝图所需的关键能力。由此，华为 ISC+ 变革的大幕正式拉开，变革行动有条不紊地向前推进起来。

变革实践案例全解析

接下来选取这八个子项目中的两个经典项目案例做解析。

【案例一】

华为的智能运营中心（IOC）平台管理项目

华为的智能运营中心（IOC）项目是 ISC+ 变革项目群中以"智能化"为核心的 IT 变革项目。该项目产品从逻辑上分为三层，分别是接入层、应用层及数据底座，应用层又称为数据分析和决策层。

数据底座是由"数据湖①"和"数据主题联接②"两部分构成的，集成了华为内部各业务系统数据和外部数据，为可视、分析、决策等业务应用提供数据服务。这就好比人大脑中的记忆体。

应用层是各种可调用的数据应用模块，如计划、订单、仓储、运输、解决方案，还有 AI 算法模块，这些模块可以对业务场景进行分析和智能决策，好比是人大脑的处理过程、电脑的 CPU 处理单元。

接入层是系统与用户，如华为员工与客户、供应商、合作伙伴的接口界面，不管是用 Web 方式还是 App 的形式，界面越友好、越简单，用户体验感越好，这就好比是人的五官及四肢，是感官与外部世界接触的连接点。

通过此 IOC 项目的建设，华为全面推动了与供应链相关的采购、制造、供应、物流、仓储等数据进入数据湖，并接入华为销售和服务的数据。数据底座还连接着客户的需求和合作伙伴的数据。此外，华为还引入了多项外部数据，如地理信息 GPS、GIS 数据，物联网 IoT 的信息数据，在庞大数据的基础上对 AI 算法模型进行研究，逐步摸索出一套可视、可分析、可建设和运营的方法论，为持续进行数字化建设和运营打下数据基础。未来华为的供应链运营重点将从可视转为智能分析、自动化执行和智能决策，以加快业务应用和价值变现。

到目前为止，华为借助此 IOC 平台实现了装车模拟仿真、智能发货、加工计划策略智能推荐、加工网络资源智能布局、

---

① 数据湖是一个存储企业的各种各样原始数据的大型仓库，其中的数据可供存取、处理、分析及传输。

② 数据主题联接（数据中台）对数据湖的数据按业务流／事件、对象／主体进行联接和规则计算等处理，形成面向数据消费的主题数据，具有多角度、多层次、多粒度等特征，支撑业务分析、决策与执行。

订单智能分批履行等供应链场景的应用。

以半成品加工计划策略的智能推荐为例。

华为的半成品加工计划如加工多少、什么时间加工、加工到哪个层级。由于需求和产能之间存在差异，生产加工计划需要兼顾资源、产能、出货需求和库存等因素，非常依赖计划员的个人经验和对产品的了解。通过此 IOC 平台，系统自动将问题转化为优化目标，通过系统预设的算法和模型，对数据进行处理，给定目标，不需要人为干预，就可以得到一个完美的加工计划。

再以货物装车模拟仿真为例。

华为过去的运输装载方案一般由人工进行预测，依赖个人的经验，根据不同的包装材质、包装形态来确定所需的车辆、集装箱、最优提货路径等，而导入 IOC 平台后，系统将人的经验数字化并嵌入系统，自动对不同提货点的货物进行模拟，并根据模拟仿真的结果合理安排车辆和路线，通过系统计算出预装载的数量、箱型、包装材质、位置、运输方式、车型、发货平台、港口、国家等，极大地方便了仓管人员的备货工作，为物流的自动化作业提供了有效支撑。

此外，在 IOC 平台的接入层，华为构建了网上"专卖店"e+Partner，通过此"一站式平台"系统，向原 To B 客户在线销售华为网络产品，原 To C 客户可以直接在华为商城进行交易。华为还开发了物流 App，实现物流的数字化和可视化，华为内部员工、客户、合作伙伴和供应商都可以直接登录访问和使用，查看所有信息，包括全球物流网络、物流节点、仓库、主要线路、物流资源与风险等，平台实现了对人、货、仓、车、船等实物的实时可视、对项目或合同履行状态的实时可视，通过端到端的可视数据，加强了各方的协同。

华为 IOC 平台运用大数据分析和智能运算技术，实现了业务流程的智能化和自动化执行，驱动了华为供应链的结构性变化；端到端的全流程数字化平台操作，提高了工作效率并减少了人工；通过大数据分析和模拟提供的例外管理和预警，支持管理员快速和主动洞察；在实时可视和数据分析的基础上，通过智能挖掘与机器学习，将确定性事务自动化、机器人化，异常业务及时告警、预警，提升了例外决策的水平。

【案例二】

华为智能供应链的协同管理和主动管理

华为在进行 ISC+ 变革的同时，着手对现有供应链进行全面协同和管理。

针对供应链管理，华为提出"四个一"的承诺，即软件交付一分钟，打合同一分钟，订单发货一周，安装交付一周。这不仅是华为供应链对业务、对客户的承诺，更是供应链协同管理的目标和要求。

针对质量管理，华为提出"三化一稳定、严进严出"的目标。"三化"即管理 IT 化、生产作业自动化、人员专业化；"一稳定"指关键岗位人员稳定；"严进严出"就是严格把关输入质量，尤其是来料质量，并严格把关出厂质量。

针对产品研发，华为提出：与战略供应商一起，基于客户需求和产业技术发展趋势，打通双方的产品管理和研发流程，共同定义产品，联合创新，共同打造产业战略目标。

针对采购管理，华为率先采用业界领先企业 SAP[①]的 Ariba 采购云系统。通过云采购网络，华为与数百万供应商建立起智能连接，从采购需求、下订单到发票和付款，从供应商管理、战略寻源、合同缔约，到自动化采购执行、财务票据匹配、物流交付，实现了供应链应用场景端到端的云模式，建立起一条动态、健康的供应链。华为不仅实现了成本的缩减，还实现了公司内部的协作与互联，推动了运营效率的提升。

针对供应商管理，华为与产业链上的多层级供应商通过共享协作，实现订单、计划、物流、制造、供应中心的全流程在线协同；管理员只需打开一级供应商，就可以追溯到上游多层级供应商的供应网络；华为向供应商提供一站式平台服务，并跟踪全流程的动态；通过使用公有云加载数据，实现数据可视、供应能力可视，比如实时获得关键元器件如摄像头、显示屏、电池、光模块等的供应数据；通过公有云，还可以实时监控供应风险事件，对潜在风险进行仿真预测和预警，确保供应的连续性和稳定性。

针对生产制造，华为优先实现设计与制造的数字化融合、标准化和模组化的自动化生产线建设、数字化制造管理系统在工厂内的垂直集成和企业间的横向集成；在机器设备等物联对象之间实现全连接，集成开发 MES 系统，在手机、IT 产品、无线样板车间试点，率先实现智能化；使智能制造项目的 3 年投资回报率达到 100% 以上。

针对仓储管理，华为实现了数字化仓储和物流业务的智能决策；通过 AI 的应用，对大数据进行分析，实现仓储现场作业

---

① 编者注：SAP 即思爱普公司，成立于 1972 年，总部位于德国沃尔多夫市，在全球拥有 6 万多名员工，遍布全球 130 个国家和地区，并拥有覆盖全球 11500 家企业的合作伙伴网络。

自动化；与合作伙伴协同，对仓储布局、减料补货、人员排班、项目排产等进行主动管理，精准高效地通过指令指引现场；引入移动穿戴式作业设备，实时采集数据，缩短仓储作业周期，节约仓储面积，还增加了发货量，节约了运费成本。

针对客户协同管理，华为将产品配置包、软件包、工程物料包、报价包等转移到线上交易，实现与客户的在线共享和在线协同，使客户与华为内部各业务部门主动开展工作，不必被动等待上游环节传递信息。华为与客户之间的整个交易链条变得更简单、高效、敏捷，成本也更低。目前，对于运营商和企业客户的订单，华为已经做到可以提供全流程透明的线上交易和供应数据，并实现与客户的 IT 系统对接。

通过需求推动和拉动相结合、授权和监督并用、服务化的云平台及自动化智能处理和数据分析，华为改变了原有流程和组织，从客户到各国代表处、地区供应中心、资源中心，再到供应商，使所有组织都协同起来，将信息流、资金流和物流快速周转起来，提高了供应链的效率和柔性。

华为数字化供应链的运营已不再是被动地支持和服务，而是主动地创造价值，包括在业务运营方面产生价值，在用户运营方面通过用户体验、客户订单创造价值，在产品运营方面通过持续优化创造价值。

通过这一系列的 ISC+ 变革，华为的数字化供应链已逐渐转变为主动型的、价值创造式的智能供应链。

华为智能供应链变革的成果和启示

华为 ISC+ 变革项目从愿景出发，通过构思变革蓝图，确定变革目标，再到方案设计、产品和解决方案落地，最后到平台运营，华为通过变革实践形成了一整套新的方法论，进而将其转化成为公司的知识资产。

从 2016 年起，经过 3 年多的 ISC+ 变革，华为基本实现了变革蓝图中产品的大部分功能，覆盖了供应链的大部分环节，数据底座基本构建完成，运营工作也已陆续展开。

此外，华为通过 ISC+ 变革，驱动前端销售和产品变革，实现了公司从客户端到供应商端、从内到外的全流程打通。具体表现为：

● 实现了与客户的数字化连接，实现了从线下到线上的极简交易，改善了客户的交易体验。通过客户在线协同管理，与客户实现数字化连接，进而实现业务自动化和智能化，变被动响应为主动服务，在产品或项目交付方面实现协同，降本促收。

● 实现了与供应商、产业链的数字化连接，使供应链上的业务更透明、风险更可控，改善了供应商与华为的交易体验。通过供应商在线协同管理系统，形成产业链的协同作用，多级供应商的供应能力可视、可管、可跟踪，风险可预警。

● 实现了华为内部的供应链数字化转型，使供应链更智能、更主动。

华为 ISC+ 变革的成果体现在具体的供应链绩效指标上，可以看到，它取得了明显的进步和改善，如：

● PO 处理时间缩短到分钟级

● 库存周转天数缩短了十多天

● 物流成本节约了数亿元

● 仓储面积减少了数十万平方米

● 自动化作业增多，实际工作人员数量在销售收入增长的前提下

非增反减

- 持续性供应能力增强
- 供应风险降低

ISC+ 变革进一步为华为的发展奠定了良好的基础，使其初步实现了对人机协作、自动化、智能化的供应链的全面协同管理，离价值创造的主动型供应链管理目标越来越近。

未来供应链的数字化运营是一项长期、艰巨的工程，华为团队需要在已构建的、可持续发展的数字化平台基础上，对供应链管理继续深耕细作、深度挖掘，为公司创造更多的价值。

那么，华为数字化、智能化供应链变革给了我们什么样的启示呢？我认为有以下五点。

- 启示一：只有不断的变革和自我更新，才能让华为保持活力，"活得更久一点"。

华为的供应链不是正在变革中，就是走在通往变革的路上。求"活"——活着、灵活、活久点的精神值得学习！

很多企业故步自封，如当年的柯达、西尔斯（Sears），都是因没能成功转型而从市场上败下阵来。美国学者马克·佩里（Mark J. Perry）的研究显示，对比 1955 年《财富》杂志第一次发布的世界 500 强名单，现在只有 12% 的企业还留在 500 强名单里，每年都有被剔除的大公司，而这些大公司几乎都是没能及时变革和转型，导致衰败甚至走向灭亡的。也就是说，大多数企业最后的命运和结局都是灭亡，但是善于变革、"爱运动"的企业会活得更久一些。华为很早就认识到这一点，将物理学中的"熵减原理"运用到了企业管理当中。

- 启示二：未来企业之间的竞争除了是产业链竞争以外，也是产业链人才的竞争。

华为通过 ISC+ 变革，储备了大量顶尖的数学家、人工智能专家和供应链管理专家，为赢得未来的战争备足了"子弹和炸药"。"竞争未始，人才先行"的人才战略值得学习。

2019 年 7 月初，华为对应届的"天才少年"博士生开出 200 万的年薪，以获得最优秀的人才；2020 年，华为还会吸纳 200～300 名天才少年。

要想打赢未来全球化背景下国家间、企业间的商业战争，技术创新和商业创新是驱动力。创新必须要有世界顶尖的人才，以及让顶尖人才发挥才智的土壤。华为正在用顶级的挑战和顶级的薪酬来吸引顶尖的人才，为下好未来这盘棋做出重要部署和布局。

● 启示三：华为自带光环的标杆示范作用不可小觑。

在供应链管理领域，华为作为传统制造业企业，率先进行数字化、智能化转型，并且获得了成功，取得了成效，对国内大多数企业的供应链管理起到了示范和牵引作用。在国家供应链战略和供给侧改革的大背景下，华为作为龙头企业对整个产业链的影响力是不可估量的。

作为一家中国企业，华为为提升中国科技竞争力和中国高科技产业的世界形象、为全人类的进步，做出了重大贡献。华为不仅在 5G 技术领域，在企业管理领域也为世界树立了标杆。

● 启示四：华为模式值得业界学习和推广。

一路走来，华为的供应链从落后追赶，到赶超、领跑，从服务支撑到价值创造，从被动到主动，无一不凸显了华为人的智慧、意志和勇气，以及华为人的努力和能力。华为模式值得广大国内企业学习和借鉴。

我们有理由相信，在华为的引领下，中国将会产生更多像华为这样的优秀企业，屹立于世界舞台。

中国企业不再是西方人所鄙视的"山寨"和"假货工厂"，中国人也不再是西方人眼里只会重复机械式工作的劳动者，而是深谋远虑和大智慧的象征。

● 启示五：抓住历史机遇，对供应链进行转型和升级。

互联网的发展给各行各业带来了无数的发展机会，尤其在供应链领域。一旦错过这次数字革命，企业就离死亡不远了，而抓住这次数字革命机遇的企业，则会弯道超车、实现超越。华为用自己的变革实践证明了这一点。

当我们审视最新的世界 500 强企业名单时，我们注意到，中国的新兴企业，如京东、阿里、腾讯及华为都是互联网化、AI 化的企业。我们这一代人有幸见证了中国从农业社会向工业社会、信息社会甚至智能社会过渡和变革，这是时代给予我们的难得机遇。我们未能在工业革命、信息化革命中抢占先机，紧接而来的数字化智能革命，中国和中国的企业一定不要做旁观者，而要成为积极的参与者甚至是领导者。

拓展阅读：

任正非管理思想之"无人区的生存策略"

> 导读：任正非是一个有大格局的企业思想家，作为企业家，除了考虑企业的生存，企业要赚钱，要为国家纳税以外，还要为国家、为社会、为人类做贡献，有"以天下为己任"的格局、胸怀和民族责任感，这些思想体现在他的很多文章和内部文件当中，也激励了一代又一代华为人。本文是2016 年任正非在人民大会堂向国家主席习近平做的报告，表达了他对未来的展望，对人才和教育的重视。

为祖国百年科技振兴而努力奋斗

从科技的角度来看，未来二三十年人类社会会演变成一个智能社会，其深度和广度我们还想象不到。就如 IBM 的主席沃森当年说的"我觉得全世界可能只需要五台计算机吧"，比尔·盖茨 1981 年预测"内存 640K 足够了"。我们也不能构想未来信息社会的结构、规模、形式。随着生物技术的突破，人工智能的使用，为满足信息流量爆炸的传送与处理，石墨烯替代硅，引发电子工业革命，其汹涌澎湃，巨浪滔天，我们无法想象，我们一片迷茫。越是前途不确定，越需要创造，这也给千百万家企业提供了千载难逢的机会。我们公司如何去努力前进，面对困难重重，机会、危险也重重，不进则退。如果不能扛起重大的社会责任，坚持创新，迟早会被颠覆。重大创新风险大、周期长，更需要具有造福人类社会的远大理想。

一、大机会时代，千万不要机会主义，一定要有战略耐性

人类社会的发展，都是走在基础科学进步的大道上的。而基础科学的发展，是要耐得住寂寞的，板凳不仅仅要坐十年冷，有些伟大的人，一生寂寞。基因技术也是冷了几百年才重新崛起的。华为有 8 万多研发人员，每年研发经费中，约 20%～30% 用于研究和创新，70% 用于产品开发。我们已将销售收入的 14% 以上用作研发经费。未来几年，每年的研发经费会逐步提升到 100 亿～200 亿美元。

华为这些年逐步将能力中心建立到战略资源聚集的地区去。在世界建立了 26 个能力中心，逐年在增多，聚集了一批世界级的优秀科学家，他们全流程地引导着公司。这些能力中心自身也还在不断的发展中。

华为现在的水平尚停留在工程数学、物理算法等工程科学

的创新上，尚未真正进入基础理论研究。随着逐步逼近香农定理、摩尔定律的极限，而世界面对大信息流量、低时延的理论还未创造出来，华为已感到前途茫茫，找不到方向。华为已前进在迷航中。重大创新是无人区的生存法则，没有理论突破，没有技术突破，没有大量的技术积累，是不可能产生爆发性创新的。

华为正在本行业逐步攻入无人区。无人区，处在无人领航，无既定规则，无人跟随的困境。华为跟着人跑的"机会主义"高速度，会逐步慢下来，创立引导理论的责任已经到来。华为也不能光"剪羊毛"，谢谢西方公司前三十年对华为的领航。

华为过去是一个封闭的人才金字塔结构，我们已炸开金字塔尖，开放地吸取"宇宙"能量，要加强与全世界科学家的对话与合作，支持同方向的科学家的研究，积极地参加各种国际产业与标准组织、各种学术讨论……多与能人喝喝咖啡，从思想的火花中，感知发展方向。巨大的势能的积累、释放，才有厚积薄发。随着突破越来越复杂，跨界合作越来越重要，组织边界要模糊化，专业边界也要模糊化，培育突破的土壤。

内部对不确定性的研究、验证，正实行多路径、多梯次的进攻，密集弹药，饱和攻击。蓝军也要实体化；并且，不以成败论英雄。从失败中提取成功的因子，总结、肯定、表扬，使探索持续不断。对未来的探索本来就没有"失败"这个名词。猴子在树上时，世界就没有路；成为人后才走出曲曲弯弯的小路；无数的探险家，才使世界阡陌纵横。没有一个人能走完世界，走一段路的探险家就是英雄。从欧洲到亚洲的路上，沉没了350万艘船舶，那些沉在海底的人，是全球化的英雄。不完美的英雄，也是英雄，它鼓舞人们不断地献身科学，不断地探索。使"失败"的人才、经验能继续留在我们的队伍里，我们会更成熟。我们要理解歪瓜裂枣，允许黑天鹅在我们的咖啡杯中飞起来。

创新本来就有可能成功，也有可能失败。我们也要敢于拥抱"颠覆"，蛋从外向内打破是煎蛋，从里面打破飞出来的是孔雀。现在的时代，科技进步太快，不确定性越来越多，我们也会从沉浸在产品开发的确定性工作中，加大对不确定性研究的投入，追赶时代的脚步。我们鼓励我们几十个能力中心的科学家、数万专家与工程师加强交流，思想碰撞，通过一杯咖啡吸收别人的火花与能量，把战略技术研讨会变成一个"罗马广场"，一个开放的科技讨论平台，让思想的火花燃成熊熊大火。公司要具有理想，就要具有在局部范围内抛弃利益计算的精神。重大创新是很难规划出来的。固守成规是最容易的选择，但也会失去大的机会。

干部、专家，我们不仅仅以内生为主，外引也要更强。我们的俄罗斯数学家，他们更乐意做更长期、挑战更大的项目，与我们喜欢短期成功的中国人结合起来；日本科学家的精细，法国数学家的浪漫，意大利科学家的忘我工作，英国、比利时科学家领导世界的能力……会使我们胸有成竹地在2020年销售收入超过1500亿美元。

二、遵纪守法，努力成为一个全球化的企业

十八届四中全会做出的法治化、市场化决定，是中国百年振兴的纲领，我们坚决拥护。几十年后我们会成为一个强大的国家，对世界做出更大的贡献。华为的市场已覆盖170多个国家与地区，法律遵从是我们在全世界生存、服务、贡献最重要的基础。

当前世界风云变幻，危机重重。我们要严格地遵纪守法，用法律遵从的确定性，来应对国际政治的不确定性。要严格地保证内外合规，严守商业边界。

在知识产权方面，我们的"核"保护伞覆盖了世界所有的地区与我们所有的产品，进入任何市场已无障碍。但我们的干部年轻，从青纱帐里走向世界舞台，还有诸多的短处。我们建立了一批曾经的地区部总裁、有资历的代表处代表所组成的多个国家的子公司董事会，主管内外合规，履行监督职责，实行个人负责制。即不需要集体讨论（集体讨论的是建设性问题），就可以对可能会引起重大危机的问题发起攻击，这就是他们的忠诚。他们的表彰、提拔、奖励，公司不管，对他们的弹劾、批评，必须被最高层批准，从而约束了一群无知青年组成的庞大市场队伍，（使其）成为一支有组织、守纪律、英勇奋斗的"军队"。

我曾经提议过表扬法务队伍是国际一流队伍，应领国际一流薪酬，遭常务董事会否决。他们说，法务部打官司是国际一流的，建设性还不行。因此，法律遵从的队伍建设正在逐步加强。

我们越快速发展，风险越大；我们自身运行风险也极大。我们所处的 170 多个国家与地区中，总会有战争、疾病、货币等方面的风险。我们已在伦敦建立了财务风险控制中心，去年（2015 年）管理了 178 个国家、145 种货币、5 万多亿人民币的结算量的风险，把损失降到最小。（我们）即将在东京、纽约同时建立财务风控中心，用这些国际优秀人才，来管理控制公司的资金运行、合同、项目管理风险。这方面已取得不小成效，为全球化奠定了基础。

三、"用最优秀的人去培养更优秀的人"应成为基本国策

用什么样的价值观就能塑造什么样的一代青年。蓬生麻中，不扶自直。奋斗、创造价值是一代青年的责任与义务。

我们处在互联网时代，青年的思想比较开放、活跃、自由。我们要引导和教育，形成一支主流团队，为未来的领袖做好准备，也要允许一部分人快乐地度过平凡的一生。现在华为奋斗在一

线的骨干，大多是"80后""90后"，特别是在非洲、中东地区、阿富汗、也门……"80后""90后"是有希望的一代。近期我们在美国招聘优秀中国留学生，全部都要求去非洲，去艰苦地区。

华为的口号是"先学会管理世界，再学会管理公司"。

我们国家百年振兴中国梦的基础在教育，教育的基础在老师。教育要瞄准未来。未来社会是一个智能社会，不是以一般劳动力为中心的社会，没有文化不能驾驭。若这个时期同时发生资本大规模雇用"智能机器人"（过去的机器人是机器，不是人；未来的机器人是"人"，不是机器，智能机器人有自我学习能力），两极分化会更严重。这时，有可能西方制造业重回低成本，产业将转移回西方，我们将空心化。即使我们实现生产、服务过程智能化，需要的也是高级技师、专家、现代农民……文化不高的劳动力将失业。因此，我们要争夺这个机会，就要大规模地培养人。

今天的孩子，就是二三十年后冲锋的博士、硕士、专家、技师、技工、现代农民……代表社会为人类去做出贡献。因此，发展科技的唯一出路在教育，也只有教育。我们要更多地关心农村教师与孩子。让教师成为最光荣的职业，成为优秀青年的向往，"用最优秀的人去培养更优秀的人"，应成为基本国策。

06

百舸争流，大浪淘沙

人要善于总结，人的思想就是一根根的丝，总结一次打个结就是结晶，四个结就是一个网口，多打了结，就纲举目张了。总结得越多就越能网大鱼。

——2013年任正非
在华为大学教育学院工作汇报会上的讲话

在前面的章节，我们全面解析了华为供应链的过去、现在和将来，还分享了华为供应链管理的具体方法、策略和管理细节，那么华为供应链管理得到底好不好呢？

我们常说，有比较才有鉴别，才能分出高下。在本章中，我会分别将华为在通信设备领域和终端设备领域的中外竞争对手，如中兴、爱立信、诺基亚、联想、小米、三星和苹果等的供应链，与华为的供应链——进行比较、分析和评价。所有数据引用，除了中兴的取自其2017年年报以外，其余全部来源于各大公司2018财年的官方年报，具体数据绩效指标请参考本书附录《华为与业界竞争对手的供应链绩效比较表（2018年）》

华为供应链管理与中兴通讯的比较

中兴的背景和现状

2018 年 4 月发生的中兴事件让中兴更出名了。在通信界，华为与中兴，好像快餐界的肯德基与麦当劳，它俩总是成对出现。在华为参与的每一个投标项目里，竞争者中几乎都有中兴的影子。20 世纪 90 年代的"巨大中华 ①"，现如今就只剩下"中华"二将傲立于江湖，同在深圳的两大友商相互促进、相互竞争、并驾齐驱，共同撑起中国通信市场这片天。

中兴于 1997 年在深圳 A 股上市，也是中国第一家在香港联合交易所主板上市的 A 股企业，目前是世界第四大电信设备提供商。

虽然今天的华为在业务规模上已经远远超过中兴，但中兴仍然是一匹有力量、有后劲的"宝马"，是 5G 技术的领导者，华为对它也不敢小觑。

中兴的业务类型与华为相似，也是运营商、政府企业网和消费者业务，包括无线、有线、云计算和终端等产品，从设计、开发、生产、销售到服务，中兴提供一体化的 ICT 产品和解决方案。

2018 年中兴在遭遇美国贸易制裁、巨额罚款的情况下，仍然实现销售收入达 855 亿元的业绩。其中运营商收入 571 亿元，占比 67%；政企网 92.3 亿元，占比 11%；消费者业务 192 亿元，占比 22%。在所有销售业务中，海外市场销售额为 311 亿元，占比 36%；国内市场销售额 544 亿元，占比 64%。

中兴的业务有以下三个特点：

---

① 编者注："巨大中华"指的是巨龙通信、大唐电信、中兴通讯、华为科技这四家公司。

● 公司业务以通信设备的工程项目为主，终端设备为辅；国内市场为主，国际市场为辅。

● 中兴有研发人员 26000 人，占公司总人数的 38%；2018 年研发投入 109 亿元，占营收的 13%。即便如此，很多核心芯片、操作系统还是依赖欧美厂商的供应。

● 作为一家上市公司，侯为贵领导的中兴维先通公司是中兴通讯的最大单一股东，侯为贵也是中兴的创始人和实际控制人。另两大股东是带有国资背景的科研企事业单位。

华为与中兴的供应链管理绩效分析和比较

由于 2018 年中兴被美国商务部制裁，业务中断近 3 个月，财报数据受到很大影响。这里拿中兴 2017 年的营运数据跟华为 2018 年的数据做出比较。

● 2017 年中兴的销售收入为 1088 亿元，不到华为的六分之一，员工人数是华为的三分之一，人均效率比华为低一半。

● 2017 年中兴的毛利率为 30%，净利率为 5%，虽然比不上华为 39% 毛利率、8% 净利率的盈利能力，但总体而言还是不错的，创造现金的能力也还可以，资产回报率为 3.7%。

● 中兴的应收账款天数为 88 天，可见其营销能力没有华为强，华为 70 天就可以将款收回来。

● 中兴的应付账款天数为 165 天，供应商要 5 个半月才能收到款，相比华为的 77 天，小供应商应该很难与中兴合作，没有一定的资金实力，是拖不起货款的。

● 中兴的 ITO 为 2.9，库存周转天数为 126 天，也就是说库存需要在仓库里待 3 个多月才周转一次，而华为是 77 天，可见中兴的库存管理还是有很大改善空间的。

● 中兴的现金周转天数为 49 天，比华为的 70 天少 21 天，但这是以牺牲广大供应商的利益获得的，并不能以此为傲。

观点和评价

中兴、华为是几乎同一类型又同时期在深圳发展的两家企业，时光飞逝三十年，华为与中兴已经拉开差距。从总销售收入看，不论是运营商业务还是终端业务，华为都已经远远超过中兴。想当年，中兴终端还曾是华为的学习对象，让人不禁有"长江后浪推前浪"的感慨。

对比供应链管理的运营绩效，从各方面数据来看，除了在应付账款方面，中兴比华为拖欠供应商货款的账期更长外，其他的绩效指标，中兴都没有华为强。内行人都知道，今天的华为已经不再将中兴视为直接竞争对手，而是将中兴看作一个"小弟"了。

2018 年发生的中兴事件，也暴露了中兴内部的很多管理问题，比如战略管理、风险管理、合规管理、企业社会责任、公司诚信等方面的问题。同样被美国商务部工业和安全局（BIS）纳入"实体清单"，从 2018 年中兴的全面投降到 2019 年华为的积极应战，就可以看出，华为与中兴已不可同日而语。

从这个角度讲，华为的供应链管理要比中兴强上不少。华为几乎实现了科技独立和完全自我造血的能力。我在前文中也提到，华为在全球供应链管理变革时，就已经将中兴远远地甩在后面了。

华为泛网供应链管理与爱立信、诺基亚的比较

爱立信的背景和现状

爱立信是 1876 年在瑞典首都斯德哥尔摩成立的一家老牌电信设备提供商。从最早的固定电话到近年来的无线电话、数字技术，从 1G、2G、3G、4G 到 5G，爱立信一直是通信领域的市场领导者，是瑞典国宝级的电信企业，在领导者位置屹立了 100 多年。目前，爱立信是世界第二大电信设备提供商，主要业务有运营商网络、数字化服务、管理服务、新兴业务等，运营商网络业务收入占比约 66%，数字化服务占比 18%，管理服务占比 12%，新兴业务占比 4%。

欧美地区是爱立信的最大市场。在亚洲和中东市场，由于面临来自中国华为、中兴，韩国三星等强劲的竞争对手，从 2016 年起，爱立信开始有明显的衰败迹象，主要反映在营收上，销售收入未增反降，利润率明显下降，而同期的华为，营收却在增长。

从 2017 年开始，爱立信面临亏损，新的管理层通过聚焦新业务——如 5G、物联网、人工智能、自动化等，提供有竞争力的产品组合，增加研发投入，改善企业运作，控制成本，降低营销管理费用等方式实现创造正现金流的目标。2017 年爱立信还启动了削减成本的计划，包括裁员、数字化转型、点对点的流程简化等举措。

2018 年爱立信的年报披露，爱立信希望通过成为 5G 技术的领导者来构筑未来的竞争优势。不过，在 1～3 年内，还很难看到正现金流。

2019 年发布的《财富》世界 500 强企业名单中，已经见不到爱立信的身影。

爱立信与华为的供应链管理绩效分析和比较

2018 年财报显示，爱立信是亏损的，不过亏损幅度比 2017 年收窄了很多；其公司资产从 2016 年起逐年缩水，尤其是声誉部分。我们来看具体数据：

- 2018 年，爱立信的销售收入为 242 亿美元（按美元与瑞典克朗汇率 1 : 8.7 计算），比 2017 年略微增长了 3%，但远低于华为总销售收入 1052 亿美元，也低于华为运营商业务 429 亿美元的收入规模。

- 不考虑企业重组费用，2018 年爱立信的毛利率从 2017 年的 25.9% 提升到 35.2%，营运利润率从 2017 年的 –12.8% 提高到 4.4%，但资产负债率在增加。

- 应收账款天数为 91 天，多于华为的 70 天，可见在销售方面与华为存在差距。

- 应付账款天数为 72 天，比华为的 77 天略好一些。

- ITO 为 5.2，库存周转天数为 70 天，也比华为管理得好。如果不考虑华为终端业务较低的库存水平，华为运营商业务的实际库存周转天数应大于目前财报中所披露的 77 天。

- 现金周转天数为 89 天，这是个不算好的表现。

诺基亚的背景和现状

诺基亚同样是一家来自欧洲的百年企业，成立于 1865 年，最早是以生产纸浆和造纸起家，总部位于芬兰的埃斯波市。100 多年来，其业务涉及纸制品、电缆、橡胶、移动设备和通信设备等不同领域。1998 年，诺基亚击败摩托罗拉登上全球手机龙头宝座的位置，称霸世界十余年。遗憾的是，市场风云变幻，苹果、三星等智能手机的闯入，将诺基亚从手机市场老大的宝座上无情踢走，到了 2013 年，诺基亚更是被迫将原来最辉煌的手机部门卖给微软，2016 年又被微软转售给富士康，诺基亚彻底退出自己曾经一手缔造的手机帝国。

从 2015 年起，诺基亚陆续收购了阿尔卡特－朗讯、Gainspeed、Deepfield、Comptel 等高科技公司，开始在 5G 领域布局和发力。2019 年 1 月中国信息通信研究院发布的《通信企业 5G 标准必要专利声明量最新排名》显示，诺基亚的 5G 标准必要专利声明量为 1471 件，在所有通信厂商中排名第二，占比 13%，仅次于华为。诺基亚在 5G 领域占据了主导地位。

近十年来，诺基亚一直在做战略调整。经过一系列并购和整合，诺基亚目前的主要业务是网络业务，其次是技术、专利和品牌的授权业务，还有就是集团一般业务、软件业务等，其中网络业务占了 70% 以上的营收。未来诺基亚将向网络、软件、企业和技术服务这四大领域发展。

2019 年，诺基亚在《财富》500 强企业名单中的排名为第 466 位，与 2018 年的 457 位相比下降了 9 位。

诺基亚与华为的供应链管理绩效分析和比较

诺基亚的大部分生产和组装是外包出去的，但为了使诺基亚供应链更加柔性和便捷，诺基亚仍然保留了一部分自制的能力。截至目前，诺基亚在全球有 10 个生产制造基地，分别位于澳大利亚、巴西、中国、芬兰、法国（2 个）、德国、印度、英国和美国。

与同在欧洲的"兄弟"爱立信一样，诺基亚 2018 年财报也显示它是亏损的。事实上，诺基亚自 2016 年以来已经连续亏损了 3 年。具体数据如下：

- 2018 年，诺基亚的销售额为 264 亿美元（以欧元兑美元 1.17 的汇率计算），略超过爱立信，低于华为运营商业务 429 亿美元的收入。
- 过去 3 年来，诺基亚的销售额一直未能增长，2018 年毛利率为

37.4%。实际上，诺基亚能够有这样的利润率是不错的，可惜研发成本、销售和管理费用居高不下，导致诺基亚营运亏损，资产负债率也在提高。

- 应收账款天数为 79 天，高于华为的 70 天，意味着诺基亚在销售方面也与华为存在差距。
- 应付账款天数为 123 天，供应商愿意提供这么长的账期给诺基亚，可见诺基亚与供应商的关系是不错的。
- ITO 为 4.5，库存周转天数为 82 天；相比爱立信和华为略差一些。
- 现金周转天数为 37 天，这一指标还算不错，这离不开诺基亚的供应商们给予的大力支持。

观点和评价

诺基亚的问题跟爱立信是相似的，由于销售收入逐年下降，尤其是在亚太区和大中华区的营收，其市场份额被华为、中兴等后来者给侵蚀了；而由于欧洲公司的研发、运营、人工等成本较高，加上诺基亚和爱立信都是百年传统企业，企业的养老负担也重，所以不可避免地出现亏损现象。

由于拥有明显的工程师红利，较低的人工成本和运营费用，加上不输欧洲劲敌的质量和服务，华为将爱立信和诺基亚打得节节败退，使得这些传统的大企业不得不让出电信设备商老大的位置。从 2015 年起，华为凭借低成本优势和差异化战略，在存量市场与爱立信和诺基亚展开竞争，逐渐蚕食它们的市场份额，最终超越爱立信和诺基亚，荣登世界第一大电信设备服务商的宝座。随着对 5G 技术的引领，华为将越来越有竞争力，一步一步走向更大的成功。

在具体的供应链管理上，华为的营销能力和创造现金流的能力远远超过爱立信和诺基亚，但在库存管理方面，华为略逊于爱立信，强于诺基亚，如此大家就可以理解为什么华为总是将爱立信视为直接竞争对手，而不是诺基亚了，尽管诺基亚的营收比爱立信的更高。

华为终端供应链管理与联想、小米的比较

联想的背景和现状

联想是于 1988 年成立的早年以 PC 组装形成自有品牌的计算机制造企业，20 世纪 90 年代在国内市场站稳脚跟后，于 2004 年通过并购 IBM PC 业务开启全球化之路，十年后的 2014 年又从谷歌手上收购了摩托罗拉的手机业务，然而连续几年，它一直在亏损的边缘挣扎。从 2018 年下半年开始，联想移动业务实现了自收购摩托罗拉移动以来的第一次盈利；又与 NetApp 成立合资公司经营数据存储业务。2018 财年，联想集团从亏损转为盈利。

联想 2018 财年年报显示其 75% 的收入来源于 PC 业务，13% 来源于智能终端的移动业务，12% 来源于数据中心。联想正在从单一 PC 业务向智能终端、超级计算数据中心的多元业务方向转型。

联想有 76% 的收入来源于中国以外的海外市场，国际化程度比较高，全球有 57000 名员工，产品覆盖 180 多个国家和地区。数十年来，联想一直占据着个人 PC 市场的领导地位，规模化优势明显。与华为不同，联想是通过不断并购开启全球化发展之路的，通过扩大规模和市场份额获得企业业务的增长。

联想的供应链绩效

多年来，联想深耕于消费电子领域，积累了品牌、渠道和客户体验方面的优势，通过自制和外包相结合的策略，在中国及巴西、印度、日本、墨西哥、美国等国设有生产基地，具备配套的供应链生产和交付能力，向目标市场提供 PC、手机、服务器、数据存储等产品和服务。

2019 年《财富》杂志世界 500 强企业排名中，联想以 510 亿美元的营收排名第 212 位，与 2018 年的第 240 名相比上升了 28 位。具体来说：

● 与 2017 财年相比，2018 财年联想的销售收入再创新高，达到 510.4 亿美元，但是毛利率才 14%，税后净利润率仅 1.3%。由于利润率低，联想营运产生的现金流太少，加上较高的财务杠杆，联想的资产负债率高达 86%，这使得联想的财务风险过高。

● 应收账款天数为 48 天，在消费电子市场，联想的销售能力还是比较强的。

● 应付账款天数为 54 天，这说明联想的供应商管理还是比较规范的。

● ITO 为 12.7，库存平均 29 天周转一次，可见其库存管理得比较好。

● 现金周转天数为 23 天，这一指标也不错。

整体而言，联想的供应链管理能力还是不错的，2017 年联想还曾入围美国著名咨询公司高德纳（Gartner）评选的最佳供应链管理实践 Top 25 的第 23 名。

观点和评价

近年来，受全球 PC 市场的低迷和滞涨及手机市场趋于饱和的影响，联想面临的市场挑战很大。多年来，联想缺少对研发的持续投入和技术积累，缺少技术专利，产品创新的后劲不足，导致竞争壁垒低，而且生产成本逐年升高，盈利能力无法跟华为相比。此外，联想无核心技术导致其供应链有致命的缺陷，所有关键元器件和操作系统依赖于外部供应商，一旦外部环境出现风险和危机，联想供应链会像中兴一样立刻休克和中断，供应安全得不到保障。

但联想拥有中科院的支持，在超级计算机领域有技术优势，多年来通过自身积累和并购获得了全球销售渠道、全球化的供应链管理、产品的持续迭代和规模化经营，在构建未来智能社会、万物互联的智能终端生态方面具有不可比拟的先天优势，希望联想能够再次抓住转型期的机遇，实现二次腾飞。

通过联想的案例，要留给大家思考的问题是：企业多元化发展真的比聚焦核心业务好吗？金融投资和房地产投资真的比实业投资更赚钱吗？

小米的背景和现状

小米作为"互联网新贵"成立于 2010 年 4 月，专注于手机等智能硬件的研发、生产和销售，以及面向个人和家庭用户的生活消费品物联网生态平台的构建。小米有一个独特之处就是，它还是一家互联网金融和投资公司，走的是"羊毛出在狗身上，猪来买单①"的创新互联网商业模式之路。

创业 8 年，小米于 2018 年 7 月 9 日成功在港交所上市，上市之日小米以每股 17 港币的价格发行，以 3759 亿港币的市值风光了一把，但时至今日，小米的股价和市值已经跌掉一半。不过，在 2019 年《财富》世界 500 强企业排名中，小米还是以最年轻的身姿进入 500 强，

---

① 编者注：羊毛指的是利润，狗指的是消费者、用户，猪则指的是广告商或投资者。企业必须有足够多的用户，把用户服务好，有了好的用户体验之后，投资者才会来投资。企业获得投资后，才有可能上市，赚取利润。

排名第 468 位。

由于小米的销售是直接面向消费者的，通过电商平台，小米省去了销售的中间环节、中间商和零售渠道，具有先天的成本优势；另外，为增强客户黏性的小米物联网生态也是其竞争优势所在。近两年来，为了增强客户体验，小米开设了自己的线下旗舰店和授权店。

小米的供应链绩效

2019 年 3 月 19 日，小米发布了其自 2018 年 7 月 9 日在港交所上市以来的第一份完整年报。我们来看一下数据：

● 营收：2018 年，小米实现销售收入 1749 亿元，其中手机业务收入为 1138 亿元，占比 65%；物联网与生活消费品收入为 438 亿元，占比 25%；互联网服务收入为 160 亿元，占比 9%；其他收入（延保服务）为 13 亿元，占比小于 1%。从披露的损益表中，我们可以看到，小米整体业务的毛利润为 222 亿元，硬件产品经营的毛利率不到 12.7%。手机、物联网与生活消费品、互联网服务和其他收入的毛利分别为 6%、10%、64%、27%；扣除销售、管理、研发费用 259 亿元（14.8%），小米从核心业务中获得的利润是负值，约 –2%。由于其经营策略，小米并不指望硬件成为公司的利润来源，小米甚至承诺从 2018 年起，小米每年整体硬件业务的综合净利润率不超过 5%，如果超出，将会回馈给客户。

● 净利润率：由于将小米的股权投资公允值变动纳入损益表，给小米增加了 44 亿元的税前收入，加上银行理财产品收入等，大家看到的小米营运利润为 12 亿元，再加上"可转换可赎回优先股公允值变动"增加的 125 亿元收入和银行利息收入，小米的税前净利润达到 139 亿元，税后 135 亿元，净利润率达到 7.7%，经财务调整后的净利润为 85.5 亿元，净利润率为 4.9%。

- 应收账款天数为 12 天，由于小米的大部分销售是通过线上实现，所以小米的回款效率非常高。

- 应付账款天数为 111 天，小米的供应商交完货近 4 个月才能拿回货款。

- ITO 为 5.2，库存周转天数为 70 天。也就是说，小米的存货要待在仓库两个多月才能发走。就快消电子行业而言，绩效不算好。

- 现金周转天数为 –28 天，看来小米是没少用供应商的钱。

观点和评价

小米借助电商直销平台，实现了非常快的资金周转，但对库存和供应商的管理并不算好。总体而言，小米的供应链效率不错，但这建立在广大供应商支持的基础上。

小米作为一家互联网公司，其硬件产品的低价策略和"羊毛出在狗身上，猪来买单"的商业模式并非不可复制。小米的全外包模式，导致小米的供应链全部依赖外部供应商，对供应商的依存度极高，尽管有所投资，但缺少控制权。小米没有自己的核心芯片和基础操作系统，一旦供应商断供，小米的供应安全就无法保证。此外，由于小米产品价低，不仅冲击了现有市场的价格体系，供应商也几乎无利可图，完全定位于制造加工厂，小米产品供应链的可持续发展也是一大问题。

小米供应链生态产品线包括电视机（与 TCL 合作）、机顶盒、笔记本电脑、手环、空气净化器、滑板车、扫地机器人、智能音箱、照明设备（与宜家合作）等。如此繁多且复杂的产品线，使得供应链管理的难度非常大，从而增加了供应风险。

目前小米海外市场的收入占比为 40%，小米尚在国际化道路中途。但是由于面向的是低收入的发展中国家，如印度、印度尼西亚等，小米可能会面临坏账风险和政策风险。

华为终端供应链管理与三星、苹果的比较

三星的背景和现状

三星电子始创于 1969 年，在公司发展初期，三星抓住家电行业黄金十年爆发式增长的商机，快速成长为韩国市场主要的电子产品制造商。1975 年，三星在韩国股票交易市场上市。1977 年，三星收购韩国半导体，开始向半导体行业进军。1980 年，三星电子与三星半导体业务合并，此次业务整合成为三星公司发展的重要里程碑。

20 世纪 80 年代，三星开始全球化扩张，也愈加重视技术研发，业务领域从家电拓展到电子、半导体、光纤通信等。

1987 年创始人李秉喆去世以后，由李健熙接任三星掌门人，开始二次创业。1988 年，李健熙将电子、半导体及通信公司合并为三星电子，确定将家电、电信和半导体作为公司核心业务。2002 年，三星 NAND Flash 闪存器的市场份额全球第一；2017 年，三星取代英特尔成为全球最大的半导体厂商。今天的三星，还是全球手机出货量最多的厂商。

有媒体说"三星董事长一咳嗽，韩国就要感冒"，可见三星对韩国经济的影响力。2019 年的《财富》世界 500 强企业中三星位列第 15 位，也是全球第四大赚钱的公司。

现如今三星的业务包括消费类电子（如电视、冰箱、空调等数字家电产品）、IT& 移动通信（如手机、通信系统、4G/5G 网络产品、计算机等）、设备解决方案（如存储器、晶圆半导体设计和代工业务、LCD/OLED 显示业务），以及 2017 年收购的哈曼声学业务这四大领域。

目前三星在全球拥有 32 万名员工、252 家子公司和 45 家合资公司。

2018 财年，三星实现 2216 亿美元的销售收入，其中：

- 消费类电子产品业务占比 16%，利润贡献率为 3%。

- IT& 移动通信业务占比 37%，利润贡献率为 17%。

- 设备解决方案业务占比 44%，利润贡献率为 79%；其中半导体利润贡献率高达 76%，另 3% 是由显示面板贡献的。

- 哈曼业务占比 3%，利润贡献率为 0.3%。

我在前文中跟大家分享过三星和苹果的供应链特点，这里就不再赘述了。

2016 年发生的三星电池爆炸事件成为三星退出中国制造市场的导火索，此后，由于中国手机市场竞争白热化，三星手机在国内市场受到严重影响，在中国市场的份额逐年萎缩。随着三星惠州工厂于 2019 年 9 月正式关闭，三星手机业务彻底退出中国制造市场。

三星的供应链绩效

- **整体营收和利润**：2018 年营收为 2216 亿美元，毛利率高达 46%，净利率达 18%；此外，三星的财务杠杆非常低，资产负债率仅 27%，财务状况非常稳健。

- 应收账款天数为 51 天，说明三星的销售能力还是比较强的。

- 应付账款天数为 23 天，由于三星的大多数供应商都是常年合作伙伴，所以三星与供应商的关系非常良好且稳定。

- ITO 为 4.6，库存周转天数为 80 天，即库存两个多月周转一次，库存管理有待提高。

- 现金周转天数为 107 天，现金周转较慢。

苹果的背景和现状

苹果由史蒂夫·乔布斯、史蒂夫·沃兹尼亚克和罗纳德·韦恩等人于 1976 年 4 月 1 日在美国加利福尼亚州的库比蒂诺联合创立。韦恩后来因为贷款风险等多种原因退出苹果，成为史上"最失败的投资人"。韦恩万万没有想到，短短 4 年后的 1980 年，苹果就在美国纳斯达克成功上市，并用史上最快的速度冲入世界 500 强。截至 2019 年，苹果已经连续 37 年出现在 500 强榜单中。

1985 年乔布斯被公司董事会"赶"出苹果，十多年后，没有乔布斯的苹果因为经营不善濒临破产，公司董事会只好将乔布斯重新请回去。1997 年，乔布斯重新执掌苹果，并将蒂姆·库克（Tim Cook）挖到苹果，两人联手，一个负责产品研发，一个负责供应链运营，珠联璧合，重整旗鼓，开启了苹果新纪元。2011 年 10 月 5 日乔布斯离世，蒂姆·库克接手 CEO，延续了苹果的辉煌时代。2018 年 8 月，苹果成为全球第一家市值过万亿美元的科技公司。

自 2007 年第一款智能手机热销，苹果开创了智能手机的新时代和生态平台的新商业模式。华为总裁任正非曾亲口向媒体表达过，他本人是"果粉"，也是乔布斯的忠实粉丝。2019 年，苹果位列《财富》世界 500 强排名第 11 位，是仅次于沙特阿美石油公司的全世界最赚钱的公司。截至 2018 财年年底，苹果在全球拥有 13 万名员工。

苹果是一家非常聚焦的巨无霸科技公司，只通过少数几款产品，如 iPhone、iPad、Mac、Apple Watch、Air Pods、Apple TV 就获得了超级利润。苹果通过自己的软件平台，如 iOS，Mac OS，Watch OS，iPad OS 和 TV OS 将各种不同的设备连接起来。苹果的供应链管理在高德纳最佳供应链管理实践排名中多年占据榜首地位。我们来看一看它的具体指标。

苹果的供应链绩效

● 整体营收和利润：2018 财年营收为 2656 亿美元，毛利率为 38%，净利率为 22%。苹果具有极强的创造现金流的能力，通过经营活动产生的现金流占营收的 29%，列所有科技公司之最。

- 应收账款天数为 32 天，尽管有运营商、渠道等企业客户、教育市场客户，但苹果对客户账期的控制还是很严格的。

- 应付账款天数为 125 天，苹果对供应商有较强的主导权，付款账期也相对长。

- ITO 为 41.4，库存周转天数为 9 天，即一个多星期就可以出货，库存管理极好。

- 现金周转天数为 –84 天，苹果几乎未动用自己的现金，"白用"供应商近 3 个月的资金运营公司业务。

华为与三星、苹果的供应链绩效比较和分析

（1）营收和利润：2018 财年，华为实现营收 1052 亿美元，低于苹果和三星，接近它们一半的营收。华为整体业务的毛利率为 39%，相对不低。华为的研发费用占营收的 14%，销售和行政管理成本较高，占了 14.6%。在营销和市场方面，所有厂商都需要花钱，一般来说，销售费用平均占比不到 5%。华为的行政管理成本过高，导致华为的营运利润率为 10.2%，净利润率仅为 8.2%。与三星 18% 和苹果 22%的净利润率相比，华为的净利润率偏低，这也说明有可能是华为的管理系统（组织架构）出现了结构性问题，过于复杂和臃肿的组织架构导致华为的管理成本太高。而三星由于分布在世界各地的独立分公司过多，所以管理成本也不低。苹果则受惠于扁平化的组织架构，营销和行政管理成本占比特别低，不过 6.3% 而已。

华为的人均销售收入为 56 万美元，人均创造利润 4.6 万美元，并不算高。庞大的员工基数导致华为人均销售收入和利润偏低。在人均销售收入上，三星是华为的 1.24 倍，苹果是华为的 3.6 倍；在人均创造的利润上，三星是华为的 2.7 倍，苹果是华为的 10 倍，可见华为整体员工的工作效率和生产力还有待提高。这就类似中国的 GDP，虽然

已经是世界第二，但是一旦平均，则低到第 70 名。

（2）应收账款周期：苹果最短，为 32 天，表明其产品极具市场竞争力，从客户那里收到账款的时间最短；其次是三星的 51 天。

（3）应付账款周期：三星平均最快 23 天就能将货款付给供应商；苹果有点"店大欺客"，由于具有绝对的需求优势和话语权，供应商处于弱势，无法与苹果议价，需要 125 天才能拿回货款；华为算是中等。

（4）ITO：苹果对库存的管理最好，9 天就能够出库销售，远远好于三星的 80 天和华为的 77 天；华为对库存的管控与三星差不多，虽已取得很大的进步，但与"王者"还有差距。

（5）现金周转天数：苹果最好，为 –84 天，这意味着苹果没有花自己的钱，全部是用供应商的资金进行企业资金周转；华为的周转天数少于三星，说明其资金使用效率更高。

总结及评价

从国内到国外，我们将华为与同业巨头一一横向进行了比较。与国内企业的比较可以看出，华为几乎大获全胜；与国际对手的比较可以看出，华为正在奋力追赶，有望实现超越。

通过对供应链具体绩效的比较，如营收、利润率、应收账款周期、应付账款周期、库存周转率、现金周转天数等，我们发现，华为就像一个奔跑的少年，越跑越快，不知不觉中已经跑到了前列。

华为与世界领先企业的竞争已经进入全方位的竞争阶段，华为有资金，有人力，有专利，未来可持续发展的潜力很大；更重要的一点是，在华为内部，已经形成一套可重复、可持续、可预见的制度、体系和机制，这是华为的核心竞争力所在，也是可以让华为活得更久一点的"长生不老药"。

至于供应链能力，说到底，就是创造价值的能力，通过以上比较，我们可以发现，华为创造价值的能力越来越强了。

华为作为中国的优秀企业，在过去的三十年间确实进步很大，但是尽管如此，华为离世界最优秀的企业还有一段距离，未来，提高效率和运营能力是关键。中国需要更多像华为一样茁壮成长的企业，打造企业集群的整体实力，提高中国高端制造、智能制造产业链的整体实力。

拓展阅读：

任正非管理思想之"竞争战略""人才战略"

> 导读：这是2017年8月26日任正非的发言。任正非认识到未来人才竞争的重要性，从以下内容，可以看出任正非的长远目光和人才战略布局。

开放创新，吸纳全球人才，
构建"为我所知、为我所用、为我所有"的全球能力布局
——任正非在全球能力布局汇报会上的讲话

一、华为要有开放的用人态度，吸纳全球优秀人才

我们为什么要建能力中心呢？向美国学习。美国原住民是印第安人，今天的美国之所以发达，是因为它先进的制度、灵活的机制、明确清晰的财产权、对个人权利的尊重与保障，吸引了全世界的优秀人才，从而推动亿万人才在美国土地上投资

和创新。斯拉夫民族的很多人都是杰出的，为什么他们在东欧时没有成功，因为东欧缺少合适的"土壤"。华为能不能也让优秀人才更加脱颖而出呢？就像美国一样的土地，让他们生存发展呢？随着人工智能的发展，我们公司的员工数量不会随销售收入呈线性增加，那么公司的产值和利润提升，为什么不能去全世界进行人才争夺战呢？

华为要有开放的用人态度。美军参谋长联席会议主席邓福德，3年时间从一星准将直升到四星上将，而且是一把手的上将；艾森豪威尔从上校升到五星级上将，只用了5年时间……美国这样用人的态度，为什么华为就不能用？

所以，我们要建立能力中心和人才中心。能力中心与人才中心有所区别，我们在穷国、战乱国家去获取世界级优秀人才，不是建能力中心，而是要把人才吸引过来，创造一个环境。（徐直军：我们在全球化的定义里也有一句话，就是"利用全球能力和资源，做全球生意"。如果单建一个能力中心，但当地的社区和人才没有氛围，也是不可能长久的。过去几年，运营商业务的能力中心建设就不成功，因为运营商业务仅找"明白人"，"明白人"用两年，由于他们没有根和土壤，慢慢地就不是"明白人"了。现在，企业业务建设能力中心就吸取了运营商业务的教训，基于开放实验室在人才聚集地，把行业伙伴聚集在那里，一起来打造解决方案，一起来探讨解决方案，这样的话有一个基地，有一个根基，再来聚集人才。）未来国内的基建完成时，我们还要再建立让当地人才感到体面的海外基地。

我们要重视对爱尔兰的投资，它离纽约只有6个小时的航程，但税收比美国和中国低很多，所以很多美国大公司的资源都放到了爱尔兰。我们在那里能够亲身感受美国文化，轻松获取美国人才，而且它的生活环境更美。美国可以在全世界建立基地，我们可以围着美国周边建人才基地。

二、开放创新，不盲目追求"为我所有"，要构建"为我所知、为我所用、为我所有"的能力组合

在全球能力中心布局思路上，胆子要大一些。你们提的"开放创新，不盲目追求'为我所有'，多层次构建'为我所知、为我所用、为我所有'的能力组合"的口号非常好。（注：指在产品、解决方案及服务技术能力上，重在"为我所用"，但在关键控制点上要"为我所有"。在基础技术能力上，侧重"为我所用"，但在核心技术上要"为我所有"。在基础理论能力上，做到"为我所知、为我所用"就可以了。）

比如建立制造实验室，我们是要掌握精密制造的能力，这个能力要"为我所有"，促进我们自己发展高精生产。别人的制造能力也能达到我们的水平，可以允许外包给这些先进公司；迫不得已时，我们才自己制造。但是，不是所有公司都能赶上我们的进步的。我们要有准备地自己智能制造，不要偏离了主航道。

我们应当组合世界上最优秀的资源，和优秀厂家结成战略合作伙伴关系，我们就会变得更优秀。我这个人啥都不懂，不懂技术，不懂管理，不懂财务，不就是用"一桶胶水"把你们组合在一起，又组合了 18 万员工，为我所用不就行了吗？华为是为积蓄能力而创新的，不是完全叠加一些东西，而是有一个整体的系统能力。

全球能力中心的布局，除了技术和人才，对于确定性工作要加上"成本"。我们对不确定性工作是技术和人才，对确定性工作是技术、人才和成本。因为并非所有工作都是不确定性工作，确定性工作就要降低成本。谈到成本，希望我们发达国家代表处也配几台车和司机，我去了欧洲的代表处，都没有汽车，

他们就缩在代表处不出去，怎么能叫作战部队？

三、瞄准未来，吸收多学科人才，构建未来新的理论基础

华为公司在建立一个新时代的时候，要构建未来新的理论基础，就要重视有理论素养的人才进入公司。因为懂理论的人转过来学技术很快，搞技术的人很难转到理论上。（徐直军：没有理论基础，搞不清楚原理，那就是照抄，照抄就不可能有创造。）照抄只是反向学习，它不是一个最简洁的方法，你不知道构建这些东西的理论基础是什么，人才与技能是什么，知识结构是什么。前几年，GTS招聘了一批搞卫星遥感、遥测的测绘专业人员，现在对"三朵云"的贡献就能看出来。你看珠峰这个事情，如果让学测绘的人去做，他把谷歌地图一套，就知道这个站点要翻过几座山，他把地图和我们的站点一重叠，就知道这个工程的难度有多大，就不会出现一个站点报价大错误的问题。

我们需要多种学科的人才，构筑对华为有长远影响的技术知识体系，不能只局限在对通信、电子工程类的招聘。公司可以招聘一些学神经学、生物、化学、材料、理论物理、系统工程、控制论、统计学等专业学科的人才，甚至包括牙科专业的。你们知道，当年华为最早的电源团队的一个主力曾经是牙科医生。这些人只要愿意从事通信技术，到了我们的员工群体里面，他们的思想就会在周围有所发酵。

这些新进来的应届生要坚持两年的保护期，两年内不要淘汰，可以把优秀的提拔得快一些。因为他有两年不太明白的适应期，将来能否脱颖而出就看他的实际贡献。

四、公司全球能力布局已从迷茫走向清晰，下一步要从清晰走向科学化

听了你们的汇报（我）非常高兴，增强了我们必胜的信心，

我们从一个懵懵懂懂的少年逐渐走向成熟。几年前，我给大家出了这个题目，那时大家都很迷茫。今天，终于从迷茫走向了清晰；下一步，我们要从清晰化走向科学化。

科学化，是要拿出数据来，说清楚建了这个能力中心对你的好处，如何体现和反映。有时我们可能做不出来，可以找顾问公司，研发的能力中心可能比较散，但供应链的能力中心可以请顾问公司帮我们算一算，这样我们从清晰化走向科学化以后，就可以增大投资，比如仓库建设等。

"全球能力的布局要聚焦主航道，不要为了建而建"这句话太好了。研发能力中心是轻中心，轻装的能力中心可以勇敢一些，重装的能力中心要慎重一些。另外，能力中心要一语道破，不要怕扩散，扩散不一定就能被模仿。如果总强调保密，保到最后的结果是我们自己没搞明白，别人反而搞明白了。

07

华为的成功是否可以复制？

华为供应链变革的启示

短短三十年时间，华为从无序走向有序，从无管理走向规范管理，接下来，华为还会走向无管理，但这次的无管理不同于三十年前的无管理，是高度自律、更高境界、无为而治的管理，如同人类社会的发展一样，从必然王国走向自由王国，这也是管理的发展规律。

我们常说"以史为鉴"，那华为的发展史和供应链变革史给了我们什么启示呢？

华为是通过不断变革走向强大的。从 ISC 变革到 GSC、CISC 变革，再到 ISC+ 变革，华为本身的发展史就是一部变革史。供应链变革是华为变革中的一部分。我在前文中与大家分享了我对华为历次供应链变革的思考，以及我认为可以带给企业的启示，这里就不再赘述了，而是从宏观层面对华为的发展和变革再做一些分析。

华为的成功，其实是中国经济发展的一个缩影。华为伴随中国经济的发展而发展，抓住了中国改革开放和全球通信行业爆发式发展的历史机遇，享受到国内和海外市场井喷的红利，这些都是外因。俗话说："鸡蛋从外打破是食物，从内打破是生命的成长和成熟。"华为的成功更重要的是内因。华为有大智慧、大格局和高瞻远瞩的领导人任正非，有精心设计的激励制度，还有华为全体员工的自身努力，华为的成功是所有员工众志成城、共同奋斗的结果。用一个公式概括就是：华为的成功 =50% 任正非的战略 +30% 任正非的领导力 +20% 全员持股的激励制度。我想这就是我对华为成功的理解。

面对现实，华为能够承认自己的不足，向业界一切优秀的企业学习，不断反思和总结，不断改善，永远走在变革的路上。向思科学习，向爱立信学习，向 IBM 学习，向苹果学习，"青出于蓝而胜于蓝"，华为不断实现超越，就像《射雕英雄传》里的郭靖一样，学会百家功夫，超越一个又一个教过他的师父，最终称霸江湖。

关于变革，我们知道，大到国家，小到企业，任何变革的推进都不容易。在企业界，对有一定历史的传统老企业实施变革尤其困难，因为变革涉及组织内部"权"和"利"的博弈。如果保守势力处于支配地位，就会在很大程度上阻碍变革的进行；如果利益集团不愿意放弃既得利益，也会千方百计阻挠变革。在这样的情况下，变革是不可能取得成功的。

那么，想要变革的企业可以从华为的成功经验中学习什么呢？我认为主要有六点。

第一，变革必须由公司实际权力主导者发起和倡导。

华为发展史上的数次变革，如集成产品开发（IPD）、集成供应链管理、集成财经服务（IFS）、人力资源管理等变革，都是在任正非的亲自督导下成功的。当变革从权力主导者自上往下传导时，变革就具备了成功的必要条件。可惜像任正非这样有强烈危机感、主动向自己"开刀"的企业领袖并不太多。人的本性是追求稳定和舒适，很少有人愿意离开舒适区，主动放弃舒适区的人一定是个不同寻常的、有追求的人。

第二，将变革制度化。

变革应该成为企业运行发展及内部管理制度的一部分。比如华为曾经将"变革和业务流程重整"纳入《华为基本法》，确定"对原有业务流程体系进行简化和完善，是我们的长期任务"，以统一全体员工的变革思想，并以文件形式规定以世界上最好的公司为标杆、如实复制业界最佳实践、CEO 和高管深度参与等几项变革指导性条款。此外，当变革的阶段性目标和优化改进方案确定下来以后，公司会以流程文件、工作模板、政策制度的方式发送给全体主管和员工，使大家"有法可依"，以此巩固变革的阶段性成果，并循序渐进地夯实变革措施和方案。

第三，有一个变革组织来支撑这项变革运动。

在华为内部，有常设的变革指导委员会（RSC）、项目管理办公室（PMO）和变革项目组这三个层级的变革组织。变革指导委员会的顾问由任正非或轮值 CEO 担任，确保变革项目的战略方向和变革方案能有效落实。

第四，企业要将变革的成败与各部门"一把手"的绩效关联起来。

将变革举措能否迅速落地和有效实施纳入各部门"一把手"的绩效考核指标，项目成败直接与其个人职位、奖金挂钩。比如，为了实施变革方案，华为会成立一个跨部门项目团队，项目成员由各部门的"一把手"担当，公司会另外安排候选人接替他们的日常工作，一旦变革方案实施不下去，这个部门"一把手"就可能会"被下岗"。大家对经济学原理"公共地悲剧"[①]心知肚明，管理者真正的偏好是扩大统治范围，而不是维护公司利益，变革常常会"革"掉管理者的统治范围和权力，所以他必然会抵制和抗拒，但是如果涉及他自己的生死存亡，其他一切就都是"浮云"了。用这种方式搞变革，当然立竿见影。

第五，公司内从上到下的"一把手"必须带头遵从制度规则。

一个公司的文化是由创始人营造出来的，而一个部门的文化是由部门"一把手"、实际负责人带出来的。比如，有一些部门领导开会迟到、不回邮件，搞官僚特权、特殊待遇，其团队也就一定有这样的

---

① 编者注：公共地悲剧（tragedy of the commons），指的是有限的资源注定因自由进用和不受限的要求而被过度剥削。由于每一个个体都企求扩大自身可使用的资源，最终就会因资源有限而引发冲突，损害所有人的利益。

毛病。人的本性就是模仿，上行必下效。要想改变一个部门，一定是从部门负责人"开刀"，只有改变了这个"头儿"，才有可能改变这个部门和团队。任正非是变革的发起者、执行者，是变革基因的奠定者，更是首先的遵从者。没有任正非对变革的坚持不懈、对变革的坚定决心和实际行动，华为不可能以成功变革者的姿态走到今天。

第六，变革必须走先固化—后优化—再简化的"落地"三步棋。

只有落地的变革才是成功的变革，否则只是纸上谈兵。仅触及皮毛和表象就以为大功告成，这种隔靴搔痒式的变革是解决不了根本性、实质性问题的。新组织、新流程、新制度、新系统都需要从内向外逐层构建。在落地过程中，任何反对势力都必须立即肃清。任何组织都存在一种"习惯的需要"的力量，这种力量天然地拒绝变化、害怕变化，坚守固有的习惯。这种力量是变革之大忌，会导致组织行为扭曲变形，导致变革落地失败，所以一旦发现这种力量的存在，必须赶紧消灭，以免其扩大。

我们说未来企业间的竞争是供应链的竞争。供应链管理反映的是企业的内在价值、企业真实的内部管理能力，企业之间比拼的就是内部管理机制是否先进、开放，是否能够动态地变化，能够"以变应变"去适应未来社会的快速变化和发展。

任何企业，如果封闭、僵化、不接受变革，就只有死路一条，"金子也会变成铅"。企业内部会逐渐产生"劣币驱逐良币"的现象，最终腐蚀掉一个优秀的组织；而主动选择并参与到变革中的人和企业，一定会越来越强大。

华为的成功是否可以复制?

除了供应链的变革经验以外，华为还能给我们什么启示呢? 华为的成功是否可以复制呢?

华为用三十年的时间走出了西方工业企业一百多年的发展之路。二十年前那个向 IBM 虚心请教的小学生，今天已经超越师父，走向"喜马拉雅之巅"，进入通信领域 5G 技术的无人区。华为通过自身的摸索和实践，用二十年时间建立起一套完整的管理体系，推动自己成为一家全球领先的优秀企业。那么其成功是偶然的机遇还是可以被复制的呢? 华为的成功公式是否可以应用到其他企业身上? 广大中国企业是否可以按照华为的发展之路去走呢?

我们先听听任正非是怎么说的。任正非在 2011 年年初公司市场大会上的讲话中谈道："华为公司过去的成功，能不能代表未来的成功? 不见得。成功不是未来前进的可靠向导。成功也有可能导致我们经验主义，导致我们步入陷阱……时间、空间、管理者的状态都在不断变化，我们不可能刻舟求剑，所以我们的成功是不可能复制的。能不能成功，在于我们要掌握、应用我们的文化和经验，并灵活地去实践，这并不是一件容易的事情。"

商场如战场，竞争如战争。我们再听听军事家是怎么看"成功经验的指导意义"的。德国著名军事理论家克劳塞维茨（Karl Philip Gottfried von Clausewitz）在《战争论》中提到：即便是科学的战争理论，也只是对战争的一般性规律、共同性规律的抽象与概括。由于发生战争的具体条件不同，每一场战争都是不尽相同的。因此，人们在战争中实施的军事行动，不可能也不应该完全严格地按照书本上的理论进行。根据战争一般规律总结出来的作战理论，绝不会给战场上的指挥员和战斗员开出能够正确处置每一个具体问题的灵丹妙药；无论是指导战争还是从事作战，最终依靠的还是指挥员和战斗员的直接经验，是临场判断，是灵活而机动的具体问题具体分析的才能。至于战争理论和战争计划，归根结底，只能起到指南和参考的作用。

所以，华为的成功不可复制，即使有些经验可以借鉴，也不能"照本宣科"，一成不变地照搬。任何专家给出的建议也只能作为参考，企业需要根据现状和外部环境，自己做出选择和判断，形成自己的思想和方法论。不要去学习那些表面的形式，而要学习内在的思想，"知其然并知其所以然"。外在条件一直在变化，原来华为运用的一些方法，可能已经不适合当下的时代，学了也可能是"南橘北枳"，并不能解决企业面临的问题。

华为有什么可以学习？

既然华为的成功经验不可复制，那华为还有什么是可以学习的呢？当然有！那就是有中国特色的华为精神和华为文化。

"人定胜天"的中国文化精髓

任正非曾经说过："（我们）没有异禀天赋，没有坐拥资源，除了励精图治，艰苦奋斗，甚至透支自己来缩短与竞争对手的差距，别无他法。"华为的故事，不正是我们这个民族四十年来发展的缩影吗？

西方人戏谑华为是一台不知疲倦的奋斗机，我不置可否。成功离不开勤奋，这也符合中国人的特点：聪明、勤奋、进取，努力拼搏，力争上游。我们相信自己，只有自己才能改变自己的命运。任正非在

2019 年 7 月接受雅虎财经记者采访时也强调："打胜仗不能靠谁，靠谁也战胜不了市场。这个世界上从来没有神仙皇帝，也没有救世主，只有靠我们自己。"华为就是靠自己的智慧、意志和勤奋赢得世界尊重的。

西方的管理学过于强调外部条件，分析各种可以量化的外因，很少对起重要作用的关键要素——人的精神力量进行充分分析。在抗美援朝期间，美国军官范弗里特以为用炮弹高强度地集中轰炸上甘岭，就能攻下上甘岭，美军就能打败中国人民志愿军。可事实呢？在军事装备弱、粮食补给短缺的恶劣条件下，中国人民志愿军仍然打败了看上去样样都超过中国军队的美军。300 多年前，郑成功击退当时全世界最强大的军事帝国荷兰，收复了台湾，也是如此。西方人可能不懂这个听上去有点玄乎的存在，这就是"中国人的强大心理力量"。中国人民志愿军能够打败美军就是因为有必胜的信念、坚强的意志、不怕死的决心、坚韧的毅力和战略耐心，还有冷静不慌乱的心态。这些才是中国人民志愿军比美国军队更有竞争力的特质，但这恰恰是西方管理理论中忽视的竞争要素。

"对国家、对民族具有强烈责任感和使命感"的华为文化

任正非及其领导的团队，是一群有家国情怀、有理想、有抱负的科技知识分子，他们为了民族产业，为了中国的科技进步而做出了知识分子应做的贡献和理应承担的责任。

从创业之初，华为就将"为伟大祖国的繁荣昌盛，为中华民族的振兴，为自己和家人的幸福而不懈努力"作为公司的核心价值观，不论是从华为的 logo、早期的内部文件，还是后来的《华为基本法》，或者任正非对媒体的公开发言，我们都可以看出华为是一个对国家和

民族有强烈责任感和使命感的企业。

2019 年 7 月 31 日，任正飞在对内部员工做的"钢铁是怎么炼成的"讲话中提到："过去我们是为了赚点小钱，现在是为了要战胜美国，我们一定要有宏大心胸，容纳天下人才，一起来进行战斗……在当前历史时期，我们要充分认识到自己的历史使命，坚定不移地前进，建立灵活机动的战略战术。"

在今天这样一个全球化世界里，谁也不可能"独善其身"，不管是带动就业，还是创造税收，提高国民经济和科技实力，任何企业都要承担起自己的社会责任。在今天这样一个特殊的历史时期里，华为承担起了一家领头企业的责任和使命，并给其他国内企业做出了榜样。

如何学华为？

既然华为的成功不可复制，那么我们的企业该如何学习华为呢？

我在前文中讲过，外因是条件，内因才是关键。今天我们的企业共同面对充满机遇的大时代，最重要的是——企业自己是否能够用正确的方法抓住历史赋予的机遇，发挥出主观能动性。我们需要学习借鉴华为成功的思维方式，而不是它所呈现出来的形式。世界知名高科技公司，如苹果、谷歌等公司在面试时，常常考察的不是应试者给出答案的正确性，而是考察应试者的思维方式和思考过程。只有思维正确了，才能应对各种突发情况，以招拆招，解决复杂问题。

首先，要做正确的事，找到适合自己发展的战略方向。

华为因为有任正非这样的战略思想家作为企业的领路人，不断指明企业发展的方向，在关键时刻拨乱反正，而在过去三十年中基本没有发生过方向性的错误。这对企业的负责人、创始人和决策团队要求极高，需要他们不断内修外省，不断仰望星空，不断思考和领悟，做正确的事，把握正确的战略方向。

任正非始终将"活着""生存下去"作为企业的第一要务，科技独立战略和人才战略都是帮助华为"活下去"的重要手段。华为贯彻聚焦战略、压强战略，在华为内部常常听到"力出一孔"这一说法，华为专注于自我生存能力的打造，不过多地与竞争对手纠缠；而华为内部如饥似渴的学习精神，又与乔布斯所推崇的"Stay hungry. Stay foolish（求知若饥，虚心若愚）"如出一辙。

华为的公司发展战略始终以十年为单位，以有利于公司的长期生存和发展为目标，比如常年持续地进行研发投资、对固定资产的投资等。华为不像那些由职业经理人掌舵的公司，只看眼前利益，只做短期规划，不愿意做长远的计划，怕影响公司的短期效益和个人绩效。

华为坚持"不上市""全员持股"的战略，让公司始终保持激活状态，最大限度地激励科技才俊，让公司的命运与员工的个人利益紧紧地捆绑在一起，即使"辞旧迎新"，也能保持团队的活力。

华为的开放思想和变革战略类似中国的改革开放政策，让华为不断地与时俱进，始终踩在历史发展的节拍上。技术的持续进步和快速更迭，驱动像华为这样的高科技公司不断向前发展；外部环境的快速变化，驱动华为对内部管理不断进行调整。曾经的"巨无霸"——通用电气、诺基亚、柯达，今天都已经走下神坛，这给华为和所有企业敲响了警钟。只有开放思想、突破自我、主动变化，才能持续长久地活下去。

所有这些战略都只围绕着一个目标——"必须活着，活得更久一点"。这样的战略思想，对所有企业家、企业创始人和经营者来说都是值得吸取和借鉴的。

其次，要正确地、聪明地做事，也就是要有战术和方法。

除了学习华为的战略思想——做正确的事，还可以学习华为是如何正确地做事的。找到自己的比较优势，摸索出一套有自己特色的方法。

为了正确地做事，找到正确的方法，华为不断地向外部学习。在供应链管理上，从 ISC 到 GSC，再到 CISC、ISC+，华为从 0 到 1，从混沌到清晰，从模糊到精准，在供应链管理上先做加法，再做减法，先固化，再优化，最后简化，所有这些路径和方法，都值得广大企业学习和借鉴。

华为的学习方法，不是"拿来主义"，不是"东施效颦"，而是辩证地学习，通过自己的"悟"，自己的思考，有选择地借鉴和吸收，对自己持续赋能，最终形成有华为特色的知识资产和财富。外国咨询公司带来的理念、方法、流程，只是实现目标的工具和手段。华为一旦大致吃透了外来的东西，就开始大刀阔斧地修改，将其变成更加适合自己的东西。

IBM 的郭士纳说：每个公司有自己的问题、挑战、复杂度和文化，这些都是唯一的，适用于 IBM 的方法并不一定适用于其他公司。华为学到了 IBM 的精髓，希望其他企业也能够学到华为的精髓。

过去三十年，华为的供应链管理体系同其他管理系统一样，一直在发生着变化，直到今天，华为的供应链管理还在变革当中。环境一直在变化，只有适合自己当下情况的，才是最好的。

最后，要多了解中国悠久的历史、丰富的文化内涵和智慧的哲学思想。

中国的历史、文化和思想是最好的教材，古代帝王将相的起落沉浮，足以让企业家去学习、领悟和借鉴。思想是汩汩不息的进步源泉，文化是生生不息的力量。

要想了解中国的企业，就要多了解华为。华为模式、华为的管理哲学是有中国特色的，兼具东方管理智慧和西方管理思想，值得所有企业学习和借鉴。华为的成功也将延续到更多企业身上，并影响和启迪全世界。华为一家的成功不算胜利，只是打赢了一场局部战争，无数个华为的成功才能算得上真正的胜利。

参考文献

1. 吴晓波、［德］约翰·彼得·穆尔曼、黄灿、郭斌等，《华为管理变革》，北京：中信出版集团，2017 年 10 月第 1 版。

2. 田涛、吴春波，《下一个倒下的会不会是华为》，北京：中信出版集团，2017 年 9 月第 4 版。

3. 田涛、殷志峰，《迈向新赛道：华为终端背后的故事》，北京：生活·读书·新知三联书店，2019 年 1 月第 1 版。

4. 辛童，《采购与供应链管理：苹果、华为等供应链实践者》，北京：化学工业出版社，2018 年 9 月第 1 版。

5. 殷绍伟，《精益供应链：从中国制造到全球供应》，北京：机械工业出版社，2018 年 8 月第 1 版。

6. ［美］郭士纳，《谁说大象不能跳舞》，张秀琴、音正权译，北京：中信出版集团，2015 年 11 月第 5 版。

7. 华为年报、华为心声社区（http://xinsheng.huawei.com/cn/

index/guest.html）公开发布的各种文件，任正非 2019 年媒体采访实录等。

注：由于技术发展快，数据具有时效性，对过去的分析判断不代表现在和未来。

附录

华为与业界竞争对手的供应链绩效比较表（2018年）

营运能力指标	华为	三星	苹果	小米	联想	中兴('2017)	诺基亚	爱立信
总销售收入（百万美元）	105,191	221,568	265,595	25,513	51,038	16,002	26,399	24,234
经营活动产生的现金流（百万美元）	10,890	60,926	77,434	负现金流	1,473	1,062	421	1,074
经营活动的现金流在营收收的占比	10.3%	27.5%	29.1%		2.9%	6.6%	1.6%	4.4%
2018年年底现金（百万美元）	26,853	27,577	25,913	4,409	2,663	4,428	7,325	4,413
总资产（百万美元）	97,111	308,448	365,725	21,183	29,988	21,171	46,235	30,892
股东权益（百万美元）	33,994	225,187	107,147	10,392	4,097	6,674	17,984	10,089
资产负债率	65%	27%	71%	51%	86%	68%	61%	67%
营运现金流量比率	0.2	1.0	0.7		0.1	0.1	0.03	0.1
资产收益率	8.9%	13.1%	16.0%	9.0%	2.2%	3.7%	-1.4%	-2.3%
财务杠杆	2.86	1.37	3.4	2.0	7.3	3.2	2.6	3.1
股东权益收益率	25.5%	17.9%	56.0%	19.0%	16.0%	12.0%	-3.6%	-7.1%
应收账款周期（天）	70	51	32	12	48	88	79	91

续表

营运能力指标	华为	三星	苹果	小米	联想	中兴（*2017）	诺基亚	爱立信
应付账款周期（天）	77	23	125	111	54	165	123	72
库存周转天数	77	80	9	70	29	126	82	70
库存周转率	4.7	4.6	41.4	5.2	12.7	2.9	4.5	5.2
现金周转天数	70	107	−84	−28	23	49	37	89

A

Apple：苹果公司

APICS：American Production and Inventory Control Society，美国生产与库存管理协会

ASCM：Association for Supply Chain Management，国际供应链管理协会

audit checklist：审核清单

APS：advanced planning and scheduling，高级计划与排程系统

Anatel：巴西国家电信监管局针对电信产品进行的一种认证

App：应用软件

Amazon：亚马逊

approved：合格的

Apple TV：苹果机顶盒

Apple Watch：苹果手表

AI：artificial intelligence，人工智能

AWS：Amazon Web Service，亚马逊云业务平台

Alcatel-lucent：阿尔卡特－朗讯，著名通信技术公司

AGV：automated guided vehicle，自动导引运输车

B

BG：business group，业务集团

buffer：冗余量

BOM：bill of material，物料清单

BTO：build to order，按订单生产

BTS：build to stock，按库存生产

BCG：business conduct guidelines，商业行为准则

buy/sell：先买好物料后再销售给供应商的物料管理模式

BCM：business continuity management，业务连续性管理

BCG：Boston Consulting Group，波士顿咨询公司

BIS：Bureau of Industry and Security，美国商务部工业与安全局

C

CISC：consumer intergrated supply chain，特指华为终端供应链

CEO：chief executive officer，首席执行官

customer service：客户服务

CRM：customer relationship management，客户关系管理

cost：成本

CAD：computer aided design，计算机辅助设计

CEG：commodity expert group，物料专家团

conditional：限选的

consignment：送料加工

CPU：central processing unit，中央处理器

Camalot dispenser：Camalot 品牌的点胶机

Cisco：思科，美国著名通信设备商

Cupertino：库比蒂诺，美国加利福尼亚州城市，苹果的总部所在地

Comptel：芬兰一家通信领域的软件公司，2017 年被诺基亚收购

D

deliver：交付 / 物流管理

Dell：戴尔，美国著名计算机公司

Deepfield：美国一家技术公司，2017 年被诺基亚收购

E

EOQ：economic order quantity，经济订货批量

EMS：electronic manufacturing services，电子制造服务

ECO：engineering change order，工程变更单

ERP：enterprise resource planning，企业资源计划

EMC：electromagnetic compatibility，电磁兼容性

EMT：executive management team，经营管理团队

e+partner：电子伙伴

Erisson：爱立信，瑞典著名通信设备商

F

FBA：fulfilment by Amazon，亚马逊物流服务

Facebook：脸书，美国著名社交媒体公司

G

GSC：global supply chain，全球供应链

GTP：goods to person，货到人

Gartner：高德纳，美国一家咨询公司

GSN：global supply network，全球化供应网络

GE：通用电气，美国最大的工业集团公司

Galaxy Note 7：三星的一款手机

GUID：global unique identifier，全球唯一识别号

GPS：global positioning system，全球定位系统

GIS：geographic information system，地球信息系统

Gainspeed：美国一家网络通信技术公司，2016 年被诺基亚收购

GTS：global technical service，华为全球技术服务部

H

HP：惠普，美国著名电脑公司

I

IT：information technology，信息技术

ISC：intergrated supply chain，集成供应链

IBM：美国著名计算机公司

IT S&P：IT strategy planning，IT 战略规划

IPD：integrated product development，集成产品开发

iPhone：苹果手机

iPad：苹果平板电脑

Intel：英特尔，美国著名芯片公司

ITO：inventory turn over，库存周转率

Instagram：美国著名社交媒体

IoT：internet of thing，物联网

IOC：intelligent operations center，智能运营中心

IFS：intergrated financial service，集成财经服务

iOS、mac OS、Watch OS、iPad OS、TV OS：苹果不同设备的操作系统

i-procurement：电子采购

ICT：information and communication technology，信息与通信技术

IQC：incoming quality control，来料质量控制

J
JIT：just in time，准时制生产方式

JDM：joint design manufacturer，联合设计制造商

K
KPI：key performance indicator，关键绩效指标

K3V2：海思旗下第二款手机处理器

L
logo：形象标识

Libra：脸书推出的一种新型数字货币

LCD/OLED：liquid crystal display / organic light emitting diode，液晶显示和有机发光二极管显示

M

make：生产 / 制造

MRP：material requirement planning，物料需求计划

Mac：苹果笔记本电脑的名称

Mate：华为商务手机名

marketing：营销

MPM：锡膏印刷机品牌名

MES：manufacturing execution system，制造执行系统

Mac mini：一款苹果主机

Motorola：摩托罗拉，美国著名通信厂商和手机厂商

N

NAND Flash：快闪存储器

Nokia：诺基亚，著名电信设备厂商和手机厂商

NPI：new product introduction，新产品导入

NetApp：美国一家提供云数据存储的公司，2018 年与联想成立合资公司，经营数据存储业务

O

Oracle：美国一家做企业内部管理系统的软件公司

ODM：original design manufacturer，原始设计制造商

OEM：original equipment manufacturer，原始设备制造商，俗称"代工"

P

PC：个人计算机

PPB：Basic Productive Process，巴西政府为保护巴西的民族工业制定的一种产品准入政策

PSN：packing serial number，包装料号

proffered：优选的

PCBA：printed circuit board assembly，印刷电路板组装

PEST：political economic social technology，指政治经济社会技术分析模型

PO：purchase order，采购订单

PUE：power usage effectiveness，电源使用效率标准

PMO：project management office，项目管理办公室

R

return：退 / 换 / 返修

RF：radio frequency，一种射频技术

RCC：reliability capability center，可靠性能力中心

RSC：requirement steering committee，变革指导委员会

S

SAP：思爱普，德国著名软件公司

SCOR：supply chain operation reference，供应链运作参考模型

SCC：Supply Chain Council，国际供应链协会

S&OP：sales and operation plan，销售和运营计划

SRM：supplier relationship management，供应商关系管理

SMT：surface mounting technology，表面贴装技术

6 sigma：六标准差，一种质量管理标准和方法

SPACE：strategic position and action evaluation，战略地位与行动评价矩阵

SWOT：strenth weakness opportunities threats，优劣势和机会、威胁，一种企业战略分析方法

Snapchat：美国著名社交媒体

SAP Ariba：德国著名软件公司的云产品

T

To B：to business，面向企业用户的业务

To C：to consumer，面向消费者的业务

TOM：total order management，全面订单管理

TQM：total quality management，全面质量管理

technology：技术

TCO：total cost of ownership，全流程成本

TRx：technical review，技术评审节点

turnkey price：全包费用

TCL：中国著名家电品牌

Twitter：推特，美国著名社交媒体

V

VMI：vendor managed inventory，供应商管理库存

W

Windows：微软的视窗操作系统

web：基于互联网网页的方式

Y

YouTube：美国著名视频媒体

Z

Zara：西班牙快消服装公司

2019 年是不安分的一年，不仅延续了 2018 年的国际斗争态势，贸易战的硝烟还愈演愈烈，华为成为美国对中国高科技企业的重点打击对象，而中国的几家"巨无霸"互联网公司却没有成为打击目标。这背后的意义是显而易见的，美国只会打击对它的科技和经济造成影响，对美国的霸主地位构成威胁的公司。过去 30 年，不论是 5G 通信技术，还是芯片研发，华为都能够独树一帜，后来居上，这让一直称霸世界的美国很不安。

未来二三十年，我们可能面对的不仅有贸易战，还有科技战、外交战、人才战、货币战、金融战、心理战，会有更多没有硝烟，但后果和伤害更为严重的战争和较量。

最近重读任正非先生在 20 世纪 90 年代初期的文字，从过往来看，华为从创业之初到今天，一直以来都是一家优秀的企业，发展势头一直很猛，这几十年来一直保持自己的特色和独特的竞争优势，那就是对人才和教育的重视，对国家和民族的使命感和责任感。

任正非本人是一位技术专家，带领一大批知识分子和技术人才，以世界一流企业为标准，以世界领先技术为目标，一路追赶。他认为，华为的人才素质不比别家的差，所以一定有机会赶超别人。对华为而言，资产和财富不是从土地、资源中获得，而是要从人的头脑中创造出来。高素质的人才资源是企业最宝贵的资产。

任正非在 1992 年第一次访美后发出感慨："一个民族唯有不屈不挠、一丝不苟的奋斗精神可以自救，从来就没有什么神仙、皇帝。我们中华民族唯有踏踏实实、面对自己的弱点，才有可能振兴。世世代代繁荣梦的破灭，使我们更深地感觉到了技术上向美国学习，管理上向日本学习的深刻含意。"

过去几十年，西方将大部分的生产制造工作外包出去，将制造工厂设在中国，为中国培养了数量庞大的应用型人才，还有大量从海外回国、有着西方市场和研发经验的精英，再加上中国本土高等院校培养的人才，他们构成了中国实体经济的精英部队。"中国要富强，必须靠自己"，靠的就是这些人才。

任正非通过合理和灵活的财富分配机制，将人才的潜力释放出来，参考西方经验，并结合东方特点，形成自己的管理特色。华为用超额的回报、远高于市场平均水平的薪酬来吸引、留住和激励人才。尽管薪酬标准曾被质疑，但实践证明，在特定的历史时期，华为的这种激励手段是卓有成效的。

华为在发展初期，也曾得到国家和地方政府的支持，当然还有华为内部人才自身的努力。这些努力来源于一位优秀的、爱国的，将国家和民族放在心中，有个人魅力的企业领袖，以及一群有文化、有知识、有技术，励精图治、肯吃苦、肯拼搏的知识分子。

任正非对教育的重视，对科研的重视，踏实不浮躁的心态，以及鼓励每一个华为人安安静静做小事的思想，不是现在才有的，而是一直以来都坚持并延续至今的。自 2019 年 5 月华为被美国列入"实体清单"以来，任正非在接受媒体采访时所表现出的格局、淡定、从容和自信，对国家和民族的情怀和担当，令世人为之折服；华为人所表现出来的一系列应对举措被国人推崇和赞叹，国人以有华为这样的民族企业而骄傲和自豪。

亚当·斯密在《国富论》中说过："一个哲学家和一个街头搬运夫的差别，似乎不是由于天赋，而是由于习惯、风俗和教育产生的。"若要改变落后的现状，必须加强教育并提高教育质量，这是减少贫困、提高中等收入者比重的根本出路。

未来社会将从生产型向服务型转变，从物质时代向智能时代过渡，我们的社会需要的是高素质人才，而不是初级劳动力。未来的商业竞争不是硬件的竞争，也不是软件的竞争，而是人才的竞争。汇集优秀的人才，企业就成功了一半。

中国的每一代为人父母者，都将教育视为对孩子最重要的责任，当下社会更是如此。未来二三十年一定会是一个人才辈出的时代，年轻的一代人将担负起复兴中华的重任，将中华文化和奋斗精神传承下去，以国家和民族的复兴为己任，为世界创造一个个中国式的、有勇有谋、有理想也有行动力的"华为"们。

希望这本《华为供应链管理》带给你更多思考。

图书在版编目（CIP）数据

华为供应链管理 / 辛童著. —— 杭州：浙江大学出版社，2020.7（2023.8重印）

ISBN 978-7-308-20089-9

Ⅰ.①华… Ⅱ.①辛… Ⅲ.①通信企业－企业管理－供应链管理－经验－深圳 Ⅳ.①F632.765.3

中国版本图书馆CIP数据核字（2020）第045487号

华为供应链管理

辛　童　著

策　　划	杭州蓝狮子文化创意股份有限公司	
责任编辑	张一弛	
责任校对	杨利军	
封面设计	水玉银文化	
出版发行	浙江大学出版社	
	（杭州天目山路148号　邮政编码：310007）	
	（网址：http://www.zjupress.com）	
排　　版	浙江时代出版服务有限公司	
印　　刷	杭州钱江彩色印务有限公司	
开　　本	880mm×1230mm　1/32	
印　　张	7.625	
字　　数	187千	
版 印 次	2020年7月第1版　2023年8月第3次印刷	
书　　号	ISBN 978-7-308-20089-9	
定　　价	58.00元	